本专著部分成果来自 2022 年宁波市乡村振兴科技特派员项目：
《宁波市农业区域公用品牌价值评估与推广——以"南塘河"为例》
（项目编号：2022S232）

乡村振兴背景下农村电商发展研究

楼晓东◎著

九州出版社
JIUZHOUPRESS

图书在版编目（CIP）数据

乡村振兴背景下农村电商发展研究 / 楼晓东著 . ——
北京：九州出版社，2023.10
ISBN 978-7-5225-2461-0

Ⅰ . ①乡… Ⅱ . ①楼… Ⅲ . ①农村—电子商务—研究
—中国 Ⅳ . ① F724.6

中国国家版本馆 CIP 数据核字（2023）第 207255 号

乡村振兴背景下农村电商发展研究

作　　者	楼晓东　著	
责任编辑	周　昕	
出版发行	九州出版社	
地　　址	北京市西城区阜外大街甲 35 号（100037）	
发行电话	（010）68992190/3/5/6	
网　　址	www.jiuzhoupress.com	
印　　刷	北京亚吉飞数码科技有限公司	
开　　本	710 毫米 ×1000 毫米　16 开	
印　　张	14	
字　　数	222 千字	
版　　次	2024 年 4 月第 1 版	
印　　次	2024 年 4 月第 1 次印刷	
书　　号	ISBN 978-7-5225-2461-0	
定　　价	84.00 元	

前　言

近年来，中央和各级地方政府都十分重视乡村经济发展工作，尤其是在2021年初发布的中央一号文件明确指出：要开展好农村电商建设，促进农村经济发展和乡村振兴工程。在政策利好的背景下，各地政府应挖掘本地特色农产品，因地制宜地开展农村地区电商建设，对当前电商产业发展中存在的问题进行深入调查研究，梳理农村产业和农民面临的困难，剖析背后原因并提出有针对性的改进措施。

通过发展乡村地区的电子商务产业，不仅能为农民带来可观的直接收益，更重要的是有效改善了其生活质量，促进其生活方式和生活观念的革新升级。借助现代科技和电商平台，可以快速实现农产品的一条龙宣传和推广，能够减轻农民的销售压力，使其把更多的精力投入生活和娱乐中，从侧面提升乡村精神文明建设水平。经济水平的提升，使农民有机会走出乡村，到外面的世界开阔视野，并接受更高层次的文化教育。另外，借助现代互联网购物平台，能使地处偏远地区的乡村居民足不出户就购买到来自全国各地的新鲜产品和生活必需品，让农民的生活更有幸福感和满足感。为了能使读者更深一层地了解农村电商发展情况，特撰写了《乡村振兴背景下农村电商发展研究》一书。

全书共分为六个章节。第一章主要阐述了乡村振兴方面的相关理论，如乡村振兴的提出、意义、基本内涵、战略导向、理论依据、实施要点。第二章分析了乡村振兴背景下农村电商发展的概况。第三章阐述了乡村振兴背景下农村电商发展的业态，包括农产品营销、农资电商、农村金融以及乡村旅游。第四章与第五章分别论述了乡村振兴背景下的农村电商运营、农产品电

商平台及系统，第六章内容则是乡村振兴背景下农村电商发展展望，包括构建农村电商保障机制、依托农村电商平台实现精准脱贫、跨境电商助力共同富裕等内容。

从整体结构上来看，全书从理论到实践，全面铺开论述，内容系统且有层次。具体来说，"三农"问题一直是我国经济改革的重点领域，党和政府一直高度重视，"城乡一体""一二三产业"融合发展等政策为农村电商发展指明了方向，农村电商迎来了一个崭新的发展时期。

本书在乡村振兴背景下农村电商发展研究方面具有重要意义。撰写过程中，笔者参阅了许多专家、学者的相关理论著作，在此谨向他们表示由衷的感谢。虽然笔者力求理论清晰、观点创新，但由于学识有限，难免有疏漏之处，恳请广大读者批评指正。

目　录

第一章

乡村振兴基本理论

　　乡村振兴基本理论是指以乡村为主要关注对象，通过综合性、协调性、可持续性的发展策略和措施，促进农村经济社会发展，实现乡村振兴的战略目标。该理论包括坚持农业农村优先发展、加强农村基础设施建设、推进新型农业经营主体培育、推动农村产业发展、完善农村生态环境保护等重要内容。乡村振兴基本理论的实施旨在实现农业农村现代化，促进城乡协调发展，提高农民生活水平，构建美丽宜居、繁荣兴旺的乡村社会。

第一节 乡村振兴的提出与意义

一、空间特征：重新审视乡土社会

乡村治理与乡土社会空间有密切的关系。乡土社会空间指的是乡村社区中的地理环境、社会和文化等方面的组成要素，是农村地区独特的社会空间形态。

乡土社会空间的特点和特殊性将直接影响乡村治理的模式和策略。不同地区的乡土社会空间具有不同的特征，如地理环境、经济结构、社会文化传统等，这些特征将影响到乡村治理的定位、目标和实施方式。乡土社会空间提供了社区居民相互交流、合作和参与的场所和平台。乡村治理应当借助乡土社会空间的力量，鼓励社区居民参与决策和自治，共同解决问题，推动乡村的发展。

乡土社会空间的布局和组织结构将直接影响到社区居民之间的互动关系和资源共享。乡村治理需要通过合理规划和利用乡土社会空间，促进社会关系的融洽和资源的公平分配。乡土社会空间是乡村传统文化和历史的承载者和表现形式。乡村治理应注重保护和传承乡土文化，通过保护传统建筑、传统技艺、乡村节庆等方式，弘扬乡土文化的价值，促进社区的认同感和凝聚力。

乡村治理与乡土社会空间相互关联、相互影响。充分理解和利用乡土社会空间的特点和资源，有助于推动乡村治理的可持续发展，实现社区居民的参与自治和共享以及乡村文化的保护和传承。

二、社会关系：人与人之间的强关系正在不断弱化

乡村治理涉及乡村社区中的各种社会关系，包括邻里关系、亲戚关系、合作关系等。这些社会关系在乡村治理中起到重要作用，通过社会关系的形成和维系，促进居民之间的互动、合作和共享，为乡村治理提供基础。乡村治理的有效实施需要广泛的居民参与和社会合作。良好的人与人之间的社会关系能够激发居民的参与意愿，促进他们之间的协作和合作，共同解决乡村面临的问题，推动乡村发展。

在乡村社区中，人与人之间的社会关系往往建立在信任和互助的基础上。良好的社会关系可以增强乡村居民之间的信任度，促使他们更愿意相互支持和帮助，形成紧密的社会网络，为乡村治理提供更强大的支持力量。乡村治理有助于促进社区的凝聚力和社会稳定，而社会关系的良好与否对社区凝聚力和社会稳定具有重要影响。积极的社会关系可以增强社区居民的归属感和认同感，减少社会矛盾和冲突，维护社会稳定。

乡村治理与人与人之间的社会关系密切相关。良好的社会关系为乡村治理提供参与、合作和支持的基础，促进社区凝聚力和社会稳定，为乡村的可持续发展创造良好的社会环境。

三、多元主体：利益主体的多元化

乡村治理强调多元主体的参与，包括政府、居民、农民组织、社会组织、企业等各方。这些多元主体在乡村治理中发挥不同的角色和责任，各自负责特定的任务和职能。多元主体的参与可以为乡村治理带来更丰富的资源、经验和智慧，提供更多的解决方案和创新思路。乡村治理需要各个多元主体之间的合作与协商。不同的主体之间可能存在不同的利益、观点和需求，需要通过合作和协商来达成共识和权衡各方的利益。合作与协商有助于建立和谐的合作关系，推动乡村治理的实施和目标的实现。

多元主体的参与为乡村治理提供了丰富的资源。政府可以提供政策支持和资金投入，企业可以提供技术和资金支持，农民组织和社会组织可以提供基层动员和社会服务等。多元主体之间的资源整合与共享有助于优化资源配置，提高乡村治理的效率和效果。

多元主体的参与促进了知识和经验的交流。不同主体拥有不同的知识、经验和专长，通过交流和共享，可以促进乡村治理的学习和创新。政府、企业、农民组织和社会组织之间的经验互通，有助于找到更好的乡村治理模式和实践路径。乡村治理与多元主体之间的关系是相互依存、互动和合作的。多元主体的参与、合作与协商、资源整合与共享，以及知识与经验的交流，都为乡村治理提供了更广阔的发展空间和更丰富的资源支持，促进乡村的可持续发展。

四、乡村善治需要处理好几种关系

（一）处理好城镇化与逆城镇化的关系

乡村治理工程涉及处理城镇化和逆城镇化的关系，这是一个复杂的问题。城镇化是指人口从农村向城市转移的过程，而逆城镇化则是指人口从城市回流到农村的现象。

处理好城镇化和逆城镇化的关系需要考虑以下几个方面。

第一，制定综合的规划策略，平衡城市和农村的发展需求。考虑到农村地区的资源、环境、社会经济状况等因素，合理规划城市和农村的功能布局，促进资源优化配置和互补发展。加强城乡之间的联系与合作，打破二元结构，促进城乡一体化发展，建设农村现代化基础设施，提升农村公共服务水平，为逆城镇化提供基础条件。

第二，保护和传承农村的优秀传统文化，提高农民的文化素质。同时，鼓励农村创新创业，培育乡村文化产业，为逆城镇化提供文化和精神层面的支持。

处理好城镇化和逆城镇化的关系需要综合考虑多个方面的因素,采取综合的政策措施,促进城乡协调发展,实现乡村治理的可持续发展。

(二)困境:乡村治理面临的现实难题

由于城市化进程和农业现代化的推进,农村地区普遍面临着人口大量外流的问题,导致农村劳动力减少、老龄化严重。这给乡村治理带来了挑战,如如何吸引年轻人留在农村、如何提供老年人的养老服务等问题。

农村地区的农业结构仍然偏重传统农业和小规模经营,产业结构相对单一。推动农业结构调整和农村产业升级是一个重要难题,需要解决土地利用、农产品加工、农村金融等问题,以提高农民的收入水平和乡村经济的发展。

相比城市地区,农村地区的公共服务设施和基础设施相对不足,如教育、医疗、交通等。解决乡村公共服务不均衡的问题,需要加大对农村公共服务的投入,提高农村居民的生活质量和获得感。

农村地区的环境问题包括土地退化、水污染、生态破坏等。乡村治理需要重视生态环境保护,推动农业可持续发展和生态修复,保护乡村的自然资源和生态系统。

乡村地区的社会治理和农村治安问题也需要解决。加强基层组织建设,提高社会治理能力,加强农村安全防范和维护农村社会稳定是乡村治理的重要任务。

农村地区的传统文化面临着衰退和丧失的风险。如何保护和传承乡村的优秀传统文化,并与现代文明相融合,激发乡村文化的创新活力是一个挑战。

(三)乡村空心化致使内生性乡村治理的作用日渐式微

乡村空心化是指农村地区的人口、资源服务等逐渐流失或减少,导致乡村社会经济活力减弱的现象。当人口和资源流失较为严重时,原本活跃的乡村社会网络和组织结构也会受到破坏,乡村治理的内生性作用逐渐式微。

内生性乡村治理是指乡村社区内部基于自发组织、合作和参与的方式，共同解决问题和实现发展目标的能力。这种治理模式依赖于乡村居民的参与和自治，能够更好地满足当地的实际需求，推动乡村的发展。

当乡村空心化严重时，人口流失导致乡村社区凋敝，乡村居民的自治意识和组织能力减弱，乡村治理的内生性作用也会相应减弱。这意味着乡村社区难以有效应对面临的问题，缺乏积极主动的治理行动和可持续发展的动力。

为了应对乡村空心化带来的问题，需要通过政策和措施来促进乡村社区的振兴和发展。这包括吸引人口返乡创业就业、提供公共服务设施、推动农业产业升级、加强社区组织建设等方面的努力，以重建乡村社区的内生性治理能力，并推动乡村的可持续发展。

（四）农民主体意识弱化致使乡村治理行政化、向上集权化

农民主体意识是指农民对自己作为乡村社区的成员和参与者的意识和认同感。当农民具有强烈的主体意识时，他们更倾向于积极参与乡村治理，通过自发组织和合作解决问题，推动乡村的发展。

如果农民主体意识弱化，即农民对自身地位和权益的认同感降低，乡村治理就容易趋向行政化和向上集权化。行政化指政府行政机构在乡村治理中的主导地位，过分依赖政府部门的行政指令和决策，而农民的参与和自治能力相对较弱；向上集权化则意味着权力和决策逐渐集中在上级政府或中央政府，乡村居民的意见和需求难以得到有效反映和回应。

农民主体意识弱化导致乡村治理行政化和向上集权化的原因可能包括如下几点。

第一，农民对乡村事务的参与意愿较低，可能因为缺乏意识到自己的权益和责任、参与渠道不畅、信息获取不足等。乡村社区组织的建设和农民自治能力的发展受到限制，导致农民难以形成有效的集体行动和自治机制。相关政策和制度的不健全、不完善也可能导致农民主体意识的弱化，限制了农民参与乡村治理的能力和权益保障。

第二，为了应对农民主体意识弱化的问题，需要采取措施鼓励和促进农民的主体地位和参与意识，包括加强乡村教育、培育农民组织、完善参与机

制和制度保障等，以实现更加民主、平等和可持续的乡村治理。

（五）乡村权力运行的内卷化致使乡村治理失灵现象频发

城镇化进程的推进，乡村地区的治理问题逐渐凸显出来。乡村权力运行的内卷化成为乡村治理失灵的主要原因之一。下面我们将从四个方面来探讨乡村权力内卷化对乡村治理造成的影响。

首先，权力滥用和不公平分配是乡村治理失灵的一个重要原因。在乡村地区，由于信息不对称和监督机制不完善，一些地方官员往往滥用职权，以权谋私，导致资源的不公平分配。权力滥用和不公平分配不仅损害了农民的合法权益，还破坏了乡村社会的公平正义，加剧了乡村社会的不稳定因素。

其次，农民参与渠道有限是乡村治理失灵的一个关键问题。由于乡村地区社会经济发展水平相对较低，农民的政治参与意识和能力相对较弱。同时，由于信息传递渠道有限，农民往往难以及时了解到相关政策和活动信息，无法有效地行使自己的权利和义务，导致乡村治理的失灵。

再次，信息不对称也是乡村治理失灵的一个重要原因。在乡村地区，由于信息技术的不足和信息传递渠道的狭窄，乡村居民往往无法获得及时、准确的信息。而政府部门和一些有关方面却掌握着更多的信息资源，导致信息不对称现象的出现。这导致了农民的选择受限，容易受到不公正的对待，进而加剧了乡村治理的失灵现象。

最后，乡村地区缺乏公正的制度和规则也是乡村治理失灵的一个重要原因。在乡村地区，由于农村土地制度改革不彻底、基层党组织建设不完善等问题，导致了乡村地区的制度和规则执行效果较差。缺乏公正的制度和规则使得乡村权力运行更加容易产生偏向，进而导致乡村治理的失灵。

乡村权力运行的内卷化致使乡村治理失灵现象频发。这种内卷化现象主要体现在权力滥用和不公平分配、农民参与渠道有限、信息不对称以及缺乏公正的制度和规则等方面。为了解决乡村治理失灵问题，我们需要加强对权力运行的监督和制约，提升农民的政治参与意识和能力，改善信息传递渠道，建立健全公正的制度和规则。只有这样，才能实现乡村治理的良性循环，推动乡村地区的可持续发展。

五、路向：提升乡村治理水平的路径优化

政府在乡村治理中发挥重要作用，应加强对乡村治理的引导和支持，制定有利于乡村发展和治理的政策措施，为乡村治理提供必要的资源和支持。建立健全的乡村治理体系，包括完善的组织机制、决策程序和监督机制。强化乡村居民的自治能力，鼓励和支持农民组织建设，促进基层社区的参与和自治。

首先，鼓励农民、社区组织、社会组织等各方参与乡村治理，建立多元化的参与机制和合作平台。加强与非政府组织和专业机构的合作，发挥社会力量在乡村治理中的积极作用。乡村发展与治理密切相关，需要协同推进。通过农业结构调整、农村产业升级、基础设施建设等手段，提升乡村发展水平，为乡村治理提供更好的基础条件。

其次，利用信息技术和数字化手段，提升乡村治理的效率和精细化水平。推动信息化建设，提供农民和决策者的信息交流和决策支持平台，提高决策的科学性和透明度。

最后，重视乡村文化的保护和传承，挖掘乡村的文化资源，促进文化创新和乡村旅游业的发展。通过文化的引领，激发乡村治理的活力和创造力。

总之，提升乡村治理水平的路径优化包括加强政府引导和支持、建设健全的乡村治理体系、加强社会参与和合作、推动乡村发展与治理的协同推进、强化信息化和数字化支持，以及加强乡村文化保护与创新。这些措施将有助于提高乡村治理的效能和可持续发展水平。

六、突出党建引领：加强农村基层党组织的全方位引领

"突出党建引领，加强基层党组织的全方位引领"可以从以下几个方面理解。

党建引领指的是以党的建设为统领，将党的领导贯穿于乡村振兴的全过

程。突出党建引领意味着在乡村振兴中，党的领导地位和作用得到充分发挥，党的方针政策得到贯彻落实，党的组织和党员干部发挥核心作用和战斗堡垒作用。

基层党组织是党在农村的组织基础，加强基层党组织的建设对于推动乡村振兴具有重要意义。加强基层党组织包括提高党组织的组织力和凝聚力、增强党员干部的工作能力和服务意识、推动基层党建工作创新和提升。

全方位引领强调基层党组织在乡村振兴中的引领作用，应贯穿各个方面和层面。全方位引领意味着在农村经济发展、农村治理、农村社会建设等各个领域，基层党组织发挥应有的引领作用，这包括党组织的组织动员能力、政策宣传引导能力、项目策划推动能力等方面的提升。

通过突出党建引领和加强基层党组织的全方位引领，可以确保乡村振兴战略的顺利实施和乡村发展的良好方向。党的领导能够有效统筹各方面资源，协调各项工作，促进乡村经济的蓬勃发展、农民生活水平的提高、农村社会的稳定和谐。

七、强化农民主体意识：激发乡村发展活力

强化农民主体意识，激发乡村发展活力可以从以下几个方面理解。

农民主体意识指的是农民作为乡村振兴的主体，在农村发展中的主动性、主体性和自我意识。强化农民主体意识意味着提高农民对自身权益、利益和责任的认知，增强他们在农村发展中的积极性和主动性。

激发乡村发展活力指通过强化农民主体意识，可以激发乡村发展的活力和动力。农民是农村发展的重要力量，他们具有丰富的经验和知识，对本地区的资源和环境有深刻的了解。激发农民的活力意味着充分发挥他们的创造力和创新能力，推动乡村经济、社会和文化的繁荣发展。

农民参与决策和治理指通过强化农民主体意识可以促使农民更多地参与决策和治理过程。这包括在乡村规划、项目实施、资源配置等方面给予农民更多的发言权和参与权，让他们能够参与到决策过程中，发表意见和建议，

为乡村发展贡献智慧和力量。

提供培训和支持是为了强化农民主体意识，可以通过提供培训和支持的方式增强农民的专业技能和管理能力。这可以包括农业技术培训、农村经营管理培训、创业支持等，帮助农民提升自身素质和能力，更好地适应乡村振兴的要求

通过强化农民主体意识，可以让农民成为乡村振兴的积极参与者和受益者，充分发挥他们的主体作用，激发乡村发展的活力和潜力。这有助于建立一个具有活力和可持续性的乡村发展模式，推动乡村振兴战略的顺利实施。

八、完善基层监督体系：促使小微权力科学规范运行

基层监督体系可以对地方政府和相关机构的权力行使进行监督，防止滥用职权、腐败和不当行为的发生。通过建立健全的监督机制，可以提高决策的透明度和公正性，维护公共利益和农民权益。基层监督体系可以促使政府部门更加关注农村地区的问题和需求，加强基层政府的责任意识和服务意识。通过监督，可以推动提升农村公共服务的质量和效率，提供更好的教育、医疗、社会保障等公共服务。

完善基层监督体系可以鼓励农民和社区居民参与决策和治理过程，增加他们的发言权和参与度。这有助于建立民主决策机制，使农民的利益得到更好的体现，增强农村居民的归属感和参与感。基层监督体系可以及时发现和纠正乡村振兴过程中存在的问题和风险，预防和解决各类矛盾和纠纷。通过监督机制，可以加强对资金使用、项目实施、资源配置等方面的监测和评估，防止浪费和不合规行为。

完善基层监督体系有助于加强农村振兴治理的有效性和合法性，推动农村发展的公平、公正和可持续性。它促进了权力的监督、政府服务的改善、民主参与的提升，同时也有助于防范风险和问题的发生。

九、国土空间规划下乡村振兴规划的意义

国土空间规划体系是对全域土地资源的统筹与梳理，适当协调各个功能区所占用的耕地总量，以提升耕地效率，并避免浪费国土资源。中国经济在高速增长和全面建成小康社会的新时代背景下，中国和世界社会各界也日益关注中国乡村振兴的发展政策方向，农村的显著特点就是土地资源比较丰富，怎样合理提升乡村发展已有的空间优势，促进农业的经济效益增长是当前急需解决的课题。中国作为农业大国，农业的生产总值占国家经济的重要组成部分，所以中国农村的经济与社会建设政策直接影响着国家总体的经济社会发展和进步。但目前，中国学者针对农业的经济与社会建设政策的研究领域中，仍面临着诸多有待攻克的难题，也是新时期乡村对我国经济社会发展的必然需求。

在具体对国土空间规划制度的不断完善和建设的进程当中，一定要合理地开展国土整理，其成效决定着国土空间规划制度是否得以形成和完善，乡村振兴计划政策的制定也决定着国土项目整理的具体成效。所以，在实际对乡村振兴计划模式进行制定的过程当中，有关人员就一定要全面掌握农村中的土地资源现状，并秉承着绿色环保等生态理念推动乡村振兴规划的可持续性发展。在此过程当中，为了更好地保护土地资源，相关工作人员也应当秉承着耕地与永久基本农田保护制度、生态保护红线保护制度等相关原则进行土地整治。通过全方面地调查乡村宅基地整治情况，相关工作人员能够更为深入地去了解不同乡村中宅基地整治所存在的问题，并制定针对性的策略。在具体对乡村振兴规划模式进行制定的过程当中，乡村振兴规划人员也应当从多方面分析土地种植情况以及山水林田湖草沙的分布与特征等相关信息，以全局观念对其模式进行相应的优化。在具体针对农用地进行整治的过程当中，乡村振兴工作人员也应当对乡村农田的水利设施等方面进行相应的完善与规划，进而实现农田灌溉基本需求，确保农田灌溉工程建设能够符合农业发展需求。

（一）以村庄规划统筹全域空间管制层级

村庄规划的核心内容是对整个区域土地空间用途进行确定，并作出相应的控制要求，重点内容包括如下。

其一，全面衔接市、乡（镇）的一级土地空间规划，并实施"三条控制线"的控制要求。

其二，在充分尊重农户意愿的基础上，进一步优化了居民点建设用地格局，明晰了乡村规划界限。

其三，积极对接各部门发展需求，确定了居民点之外的主导产业发展所需建设土地空间，并将作为集体经营性建设用地确定其用途，对主导产业空间功能尚不明确的乡镇，将建立"指标+准入"的监管规则。

其四，将根据农作物产量特点，对耕地空间进行优化完善，并制定了农业产业发展重点片区规划，并指导实施了土地整治工作，确定城市"山水林田湖草沙"等各种自然资源要素的空间布局。

其五，明确城市相关支撑体系，明确有关城乡基础设施、城市公共服务建设等相应规定，明确城市配套规模和重点布局。

（二）因地制宜进行村庄规划编制

新时期的研究与发展要全力搞好国土空间规划建设，促进本土经济社会的稳步发展。准确找出乡村振兴中的所在问题，在科学上位规划的引领下，坚定地走可持续发展路线，准确规避现有问题，正确确定规划目标，形成了科学规范的规划框架，为当前农村经济社会的发展提供合理的途径。可选取若干基础环境较为良好的乡镇进行发展试验，进一步分析当地经济社会发展情况，在既有措施的指导下进行整体规划，对试验区域进行民意调查，及时查找潜在问题。确定发展方向，进行全局控制，发展地方经济，保护生态平衡，合理使用地方自然资源，保存地方历史，保护村落本土景观。在不损害已有农田和林地的前提下，保护农村基本环境，提供相应防范措施，为地方发展打下坚实的基础。坚持走可持续发展的建设路线，持续改善本地市民的生存质量，促进乡村本土经济的繁荣，对今后的乡村振兴发展形成一个完整

规范的标准框架。

（三）重构乡村公共空间

国土空间规划的终极目的是有效地促进经济社会发展，促进自然资源的合理使用，所以乡镇建设要以经济社会的需要为基础，强调现有空间的合理使用，提高社会管理效益。因为各地方政府对政策认识的差异，以及各地区乡村已经适应的国土用地结构情况，很难彻底改变原来的城市空间规划格局。

现阶段国土空间规划一定要根据生态文明理念的需要，使得每一个土地空间都受到因地制宜的合理使用与保障。这轮国土空间规划最大的特色就是"多规合一"，将主体功能区规划、土地利用规划，以及城市总体规划融为一体，用原土地利用规划思维统筹国土用地的使用，用原城市总体规划思维梳理城乡建设用地的规范，将国土空间资源要素进行融合考虑，落实于乡村振兴规划中。

第二节　乡村振兴的基本内涵与战略导向

一、推进乡村振兴的战略导向

（一）坚持高质量发展

乡村振兴战略是中国政府提出的一项重要战略，旨在推动农村地区经济、社会和生态文明的全面发展。"高质量发展"是指在推进乡村振兴的过程中，强调质量优先、效益优先、可持续发展和人民群众的获得感。这一理

念强调了乡村振兴的战略导向。

高质量发展意味着注重提高农村地区的生产力、增强农民的创造力和竞争力，推动农村经济的转型升级，提高农民的收入水平。同时，它也强调保护生态环境、传承优秀的农村文化和传统，确保农村社会的稳定和可持续发展。

因此，乡村振兴战略导向的核心思想是在推进农村发展的过程中，追求高质量的经济增长，注重社会公平和生态环境的可持续发展。这样的发展模式有助于实现乡村地区的全面振兴和农民的幸福生活。

（二）突出推进供给侧结构性改革

在乡村振兴中，推进供给侧结构性改革是十分重要的。供给侧结构性改革是指通过优化供给结构，提高供给质量和效率，推动经济结构优化升级的改革方向。

通过推动农业现代化，提高农业生产效率和质量，加强农产品供应链建设，提供丰富多样的农产品供给，满足市场需求。加强农村产业发展，通过引进先进技术和创新模式，培育壮大特色农业、农村旅游、乡村文化等产业，提高农村经济的供给能力和竞争力。

加大对农村基础设施建设和公共服务供给的投入，改善农村教育、医疗、交通等领域的供给条件，提高农民的生活品质和幸福感。加强农业科技创新和技术推广，提高农业生产技术水平和创新能力，推动农业供给侧结构性改革和提质增效。促进农民就业创业，提供多样化的就业机会和创业支持，帮助农民增加收入来源，推动农村经济供给的多元化和灵活性。

（二）加快创新相关法律法规和监管规则，优先支持优化农业农村发展环境

加快创新法律法规和监管规则意味着在推进农业农村发展过程中，需要及时制定和修订相关的法律法规和监管规则。这包括农业生产、农产品质量安全、土地利用、农民权益保护等方面的法律法规，以及农业农村发展的监

管机制和标准。加快创新这些法律法规和监管规则，可以更好地适应和引导农村发展的需求和趋势。

优先支持优化农业农村发展环境意味着在政策和资源配置上给予农业农村发展更高的优先级。这包括提供财政支持、土地政策、税收政策等方面的优惠政策，以及加强农村基础设施建设、改善农村公共服务、保护农民权益等方面的举措。通过优先支持优化农业农村发展环境，可以提供更好的发展条件和机会，促进农业农村的可持续发展。

二、坚持走城乡融合发展道路

（一）注意以城市群为主体构建大中小城市和小城镇协调发展的城镇格局衔接起来

城市群为主体强调城市群作为经济和社会发展的核心引擎。城市群是由若干个相互紧密联系、功能互补的城市及其周边地区组成的区域集群，具有较高的人口集聚和经济活动密度。在城镇规划中，将城市群作为主体，意味着注重整合城市群内部的发展力量和资源，推动城市群内城市和城镇的协调发展。

构建协调发展的城镇格局城市和城镇之间的协调发展。城市和城镇是城市体系中的重要组成部分，相互联系、相互依存。构建协调发展的城镇格局意味着在城市规划中要注意城市和城镇之间的衔接和协同，避免出现单一城市过度扩张和小城镇发展滞后的问题，实现城市和城镇之间的均衡发展。

大中小城市和小城镇的衔接强调城市和城镇之间的衔接和衔接地区的发展。大中小城市和小城镇在城市体系中有不同的定位和功能，互为补充。在城市规划中，要注意将大中小城市和小城镇的发展有机地衔接起来，形成完整的城镇格局。这可以通过规划合理的交通网络、发展区域性经济合作、推动资源要素的流动等手段来实现。这样的城镇发展模式有助于优化城市体系结构，促进城市和城镇的协同发展，提高城镇发展的整体效益。

（二）完善农民和农业转移人口参与发展、培训提能机制

农民参与发展意味着为农民提供更多参与农村发展的机会和渠道，让他们参与到农村经济、社会和文化建设中。这可以通过鼓励农民参与农业产业化经营、农村合作社、农民专业合作社等组织形式，激发他们的积极性和创造力。

农业转移人口参与发展指的是农村劳动力的转移就业人口，他们离开农村到城市或其他地区工作。完善他们参与发展的机制，可以包括提供更多的就业机会、改善劳动条件、加强职业培训和技能提升等，使他们能够在新的环境中获得稳定的收入和更好的发展机会。

培训提能机制指为农民和农业转移人口提供培训和提升能力的机制。可以通过设立农业技术培训中心、农村人才培训基地等形式，提供职业培训、技术培训和创业培训等，帮助他们提升技能水平，适应农村发展的需求，提高就业创业能力。

通过完善农民和农业转移人口参与发展培训提能机制，可以促进农村人力资源的合理流动和优化配置，提高农民和农业转移人口的就业能力和生活质量，推动农村经济的可持续发展和乡村振兴战略的实施。

第三节　乡村振兴的理论依据

一、乡村振兴是构建新型城乡关系的必经之路

实现城乡一体化发展乡村振兴旨在实现城乡经济、社会和生态的协调发展促进城乡一体化。过去城乡发展存在着差距和不平衡，城市和农村之间的关系相对分离和对立。通过乡村振兴，可以构建新型城乡关系，促进城乡融合发展，实现城乡一体化发展目标。

乡村振兴需要充分调动和整合城市和农村的资源，优化资源配置。同时，要实现城乡关系的转型，需要推动利益的共享，确保城市和农村居民共同分享发展成果。通过乡村振兴，可以促进资源的均衡配置和利益的平衡分配，构建城乡共同发展的利益格局。传统的城乡关系中，农村发展依赖于城市的资源和服务，而城市对农村发展的支持力度不够。乡村振兴要求改变这种关系，促进农村自身发展的能力，同时通过城市服务的投入和支持，提升农村的发展水平。这样的互动促进了城乡关系的平衡和互利共赢。

新型城乡关系的构建还需要注重城乡社会文化的互动与融合。传统上，城市和农村之间存在着差异和隔阂，乡村振兴要求通过文化交流、教育支持等方式促进城乡社会文化的互动与融合。这样可以增进城乡居民之间的理解、沟通和共同认同，推动城乡关系的和谐与发展。

综上所述，乡村振兴是构建新型城乡关系的必经之路，通过实现城乡一体化发展、优化资源配置和利益共享、促进农村发展与城市服务的互动，以及增强城乡社会文化的互动与融合，可以构建更加平衡、协调和可持续的城乡关系，推动全面建成社会主义现代化国家。

二、乡村振兴是实现农业农村现代化的核心举措

乡村振兴旨在推动农村经济的发展，使其迈向现代化。通过引进先进技术、改善基础设施、提高农业生产效率和农产品质量，乡村振兴可以促使农村经济实现现代化，从传统农业向现代农业转型。乡村振兴将农业产业升级作为重要目标之一，通过推进农业产业结构调整和优化，加强农产品加工、农村电商、农村旅游等产业发展，实现农业的现代化和产业链的升级，提高农业附加值和竞争力。

乡村振兴不仅关注经济层面，也注重农村社会的发展。通过改善农村基础设施、提供公共服务、促进教育、医疗和社会保障等领域的发展，乡村振兴可以改善农村居民的生活质量和福利水平，实现农村社会的现代化。乡村振兴的目标之一是提高农民的收入水平。通过推动农村产业发展、提供就业

机会、加强农民职业培训和技能提升，乡村振兴可以促进农民收入的增长，提高农村居民的生活水平和幸福感。

乡村振兴是实现农业农村现代化的核心举措。通过推动农村经济发展、农业产业升级、农村社会发展和农民收入增长，乡村振兴可以推动农村农业的现代化进程，实现农村经济、社会和农民生活的全面发展。

（一）产业兴旺是实施乡村振兴的要点

产业兴旺是乡村振兴的重要动力和基础。通过发展和壮大乡村产业，提升农村经济的活力和竞争力，可以促进乡村经济的持续增长和可持续发展。产业兴旺不仅包括农业产业的发展，也包括农村非农产业的壮大，以及农村与城市的产业融合和协同发展。

产业兴旺能够创造更多的就业机会，提高农村居民的就业率和收入水平。通过发展多元化的产业，包括农业、农村旅游、农产品加工、农村电商等，可以吸纳更多农村劳动力就业，提供稳定和可持续的收入来源。

产业兴旺可以促进农产品附加值的提升。通过推动农产品加工、品牌建设和营销，将农产品从传统的原材料状态升级为具有附加值的产品，提高农产品的市场竞争力和经济效益。同时，培育农村特色产业和地方品牌，进一步提升农产品的知名度和品牌价值。

产业兴旺有助于推动乡村一体化发展，促进农村和城市之间的产业融合和协同发展。通过建立农业产业链和农村产业带，促进农村与城市的合作和互动，实现资源的优化配置和产业的协同发展。

产业兴旺是实施乡村振兴的要点。通过发展和壮大乡村产业，促进经济驱动力的增强，提高就业和收入水平，增加农产品附加值，推动乡村一体化发展可以实现乡村振兴的目标，促进乡村经济、社会和农民生活的全面发展。

（二）生态宜居是乡村振兴的关键

生态宜居强调对农村生态环境的保护和改善。乡村地区拥有丰富的自然

资源和生态环境，保护好这些资源对于实施乡村振兴至关重要。通过加强环境保护、生态修复和资源合理利用，可以保持农村地区的生态平衡，提供健康、美丽的生态环境。农田是乡村振兴的重要基础，保护好农田的生态安全至关重要。农田生态安全包括保护耕地、水土保持、防治水土流失、农药和化肥的合理使用等方面。通过科学的农业生产方式和土地管理措施，保障农田的健康和可持续利用，确保农业生产的稳定和安全。

生态宜居要求推动生态农业的发展，实现农业生产和生态环境的协调。生态农业注重生态效益和环境友好，采用生态友好的农业种植和养殖方式，减少对环境的污染和破坏，提供绿色、健康的农产品。

生态宜居还涉及乡村旅游和休闲的发展。通过开展乡村旅游和休闲活动，可以充分利用农村地区的自然和人文资源，提供人们休闲、度假和体验农村生活的机会。同时，乡村旅游也可以带动农村经济的发展，增加农民的收入。

生态宜居是乡村振兴的关键，通过保护生态环境、确保农田的生态安全、推动生态农业发展和发展乡村旅游与休闲，可以实现乡村地区的可持续发展，提高农村居民的生活质量，实现乡村振兴的目标。生态宜居不仅是乡村振兴的需要，也符合人们对美好生活和可持续发展的追求。

（三）乡风文明是乡村振兴的保障

乡风文明强调良好的社会道德和价值观念，促进社会和谐和人与人之间的良好关系。在乡村振兴过程中，建设良好的乡风文明有助于增强社会凝聚力和稳定性，促进农村社会的和谐发展。乡风文明强调对乡土文化的传承和弘扬。乡土文化是乡村的独特文化资源，具有丰富的历史、传统和民俗。通过保护和传承乡土文化，可以增强乡村的文化认同感和凝聚力，培养农村居民对乡村的归属感和自豪感。

乡风文明强调乡村社区的建设和发展。通过培育良好的乡风，营造和谐、互助的社区氛围，促进邻里之间的交流和合作。乡村社区的建设有助于增强居民的凝聚力和自治意识，推动乡村事务的民主参与和共同管理。乡风文明注重提升农村居民的精神文化生活水平。通过丰富的文化活动、艺术表

演、体育赛事等，满足农村居民对精神文化需求的同时，也提升了乡村形象和吸引力，推动乡村旅游和文化创意产业的发展。

乡风文明是乡村振兴的保障。通过塑造良好的乡风文明，促进社会和谐稳定，传承乡土文化，推动乡村社区建设和提升农村居民的精神文化生活，可以为乡村振兴提供重要的社会基础和人文支撑。乡风文明不仅是乡村发展的需要，也是实现农村人民美好生活的重要保障。

（四）治理有效是乡村振兴的基础

治理有效是乡村振兴的基础。通过建立健全的决策机制和组织协调机制，健全法治体系和保障农民权益，合理配置资源和实施项目，以及加强民主参与和社会共治，可以提高乡村振兴战略的实施效果，推动农村地区的全面发展和社会进步。治理有效不仅是乡村振兴的需要也是实现乡村发展目标的重要保障。

首先，治理有效是乡村振兴的前提条件。乡村振兴需要解决的问题众多，而乡村治理作为推动乡村振兴的手段之一，必须保证其有效性。只有通过高效、科学、透明的治理方式，才能确保农村各项政策的顺利实施，并解决乡村发展中的各种矛盾和问题。治理有效不仅能够为乡村振兴提供坚实的制度保障，还能为农民群众提供更好的公共服务，促进农村社会的和谐稳定发展。

其次，治理有效是乡村振兴的动力源泉。乡村振兴需要激发农村发展的内生动力，而治理有效正是为了激发这种动力而存在的机制。通过有效的治理，可以营造良好的政治、经济、文化环境，激发农民群众的创造力和积极性。同时，优化乡村治理结构，提高决策层面的科学性和准确性，为乡村振兴提供更加有力的决策支持和推动力。

再次，治理有效是乡村振兴的保障机制。在乡村振兴过程中，面临的问题多样复杂，需要有一套完善的治理体系来应对。只有建立起治理有效的机制，才能够主动应对挑战、迎接变革，确保乡村振兴的顺利进行。这包括建立健全乡村发展规划、推进农村产权制度改革、加强村级自治等方面的工作。治理有效的保障机制能够提升农村发展的稳定性和可持续性，确保乡村

振兴不走弯路、不断发展。

最后，治理有效是乡村振兴的目标导向。乡村振兴的目标是建设美丽乡村、实现农民富裕，而治理有效是实现这一目标的重要手段。通过治理有效，可以发展资源合理配置，提升农村基础设施水平，推动农业现代化和乡村产业融合发展，实现农民持续增收和生活品质的提高。

治理有效是乡村振兴的基础。只有通过有效的治理手段和机制，才能够推动乡村振兴的顺利进行，提升农民生活质量，实现乡村的面发展。因此，我们应当注重加强乡村治理能力建设，推动治理方式创新，建立健全治理体系，以确保乡村振兴的可持续发展。只有在治理有效的基础上，乡村振兴才能取得更加显著的成效，为构建社会主义现代化强国作出积极贡献。

（五）生活富裕是乡村振兴的根本

生活富裕意味着农民收入的增加。在乡村振兴过程中，通过发展农村经济、促进农业现代化和农村产业兴旺，可以提高农民的收入水平。增加农民收入可以改善他们的生活条件，提供更多的教育、医疗和社会保障资源，增加消费能力，促进乡村经济的繁荣和发展。

生活富裕还意味着提供更多的就业机会。通过发展农村产业，推动农村一二三产业融合发展，可以创造更多的就业机会，吸引农民留在乡村就业或创业，减少农民外出务工的需求。增加就业机会有助于改善农村居民的经济状况，提高他们的生活质量和社会地位。

生活富裕还包括提供良好的社会保障和公共服务体系，通过完善农村社会保障制度，包括养老、医疗、住房等方面的保障，为农民提供稳定的社会保障，减轻他们的负担。同时，加强农村公共服务设施的建设，包括教育、医疗、文化、交通等方面，提高农村居民的生活品质和享受公共服务的便利程度。

生活富裕还涉及农村消费的升级。随着农民收入的增加和生活水平的提高，农村居民的消费需求也会发生变化。农村消费升级包括提高农民对优质食品、品牌商品、文化娱乐等方面的消费需求，推动农村消费市场的繁荣和发展，促进农村经济的多元化和可持续发展。

生活富裕是乡村振兴的根本。通过增加农民收入、提供就业机会、改善社会保障和公共服务、促进农村消费升级，可以实现农村居民的生活富裕。

第四节　乡村振兴的实施要点

一、全力抓好粮食生产和重要农产品供给

（一）稳定全年粮食播种面积和产量

保障粮食安全是国家的重要任务，而稳定全年粮食播种面积和产量是确保粮食供给的基础。为了实现这一目标，我们需要采取一系列措施。

首先，加强土地保护和利用。土地作为农业生产的基础资源，其保护和利用对于稳定粮食生产至关重要。我们应加强对农田土壤质量的监测和评价，推进土地整治和改良工程，提高土壤肥力和水分保持能力，同时，加强土地流转制度的建设，促进农业现代化经营模式的发展。

其次，加强农业技术支持。农业技术创新是提高粮食产量和质量的关键。我们应加大对农业科研机构和农民的技术培训力度，推广高效种植技术和管理模式。同时，加强对新品种、新技术的推广应用，提高农业生产的科学性和效益性。

最后，完善农业保险制度。农业生产面临着许多不确定的因素，如自然灾害、疫情等，这些因素对粮食生产造成了较大影响。建立健全农业保险制度，可以为农民提供经济保障，减轻其风险感知，增强种粮信心，进一步稳定粮食播种面积和产量。

（二）大力实施大豆和油料产能提升工程

大豆和油料是我国重要的农产品之一，也是饲料和食用油的重要原料。为了提高大豆和油料产量，我们需要大力实施产能提升工程。培育适应我国气候和土壤条件的优良品种，提高其抗逆性和产量稳定性，同时，加强对新技术的研发和应用，提高大豆和油料的生产效益。

通过合理规划和布局，建设一批标准化、现代化的大豆和油料种植基地，提高种植面积和产量。同时，加强基地管理，推广科学种植技术和管理经验，提高农民种植大豆和油料的积极性和收益水平。

（三）合理保障农民种粮收益

保障农民种粮收益是促进粮食生产的重要保障。为了实现这一目标，我们需要采取以下措施。

通过市场化的价格形成机制，确保农产品的价格合理、稳定。同时，加强对农产品市场的监测和预警，及时采取调控措施，防止价格波动对农民收益造成不利影响。

在农业生产的各个环节给予农民必要的补贴和扶持，包括种子、化肥、农药的减免或补贴及农机具的购置补贴等。同时，加强农民培训，提高其农业生产技能和管理水平，增加农民的种粮收益。

加强对农产品生产、流通和加工环节的监管，确保农产品的质量安全。建立健全农产品质量追溯体系，提高农产品质量的可追溯性和信誉度。

（四）统筹做好重要农产品调控

为了保持农产品市场的稳定供应和价格合理，需要统筹做好重要农产品的调控工作。及时掌握农产品市场的供需变化和价格走势，提前做好调控准备，加强沟通，形成联动机制，共同应对市场波动。建立完善的农产品储备体系，根据和价格变化，及时进行调剂，保证供应的稳定性。加强对农产品储存和运输设施的建设，提高农产品的储存能力和运输效率。严格执行农产品质量和安全标准，防止低质次品流入市场。加强对农产品进出口的监管，保护国内农产品市场的竞争力。

二、强化现代农业基础支撑

（一）全面完成高标准农田建设阶段性任务

高标准农田建设是推进现代农业发展的重要基础和保障。全面完成高标准农田建设的阶段性任务，对于提高农田生产能力、改善农田生态环境具有重要意义。

第一，加大土地整理和利用力度。通过土地整理、平整、疏浚等工程，改善农田地貌和排水条件，提高土地利用率和生产效益。同时，合理规划农田利用结构，优化农田布局，提高农业生产的集约化、规模化水平。

第二，加强农田水利建设。农田水利是农业生产的重要保障，是实现高产稳产的关键。我们应加大对水利设施的投入，修建农田水利工程，提高农田灌溉和排水能力。同时，加强水资源的合理配置和管理，提高水资源利用效率，确保农田的水分供给。

第三，推进农田建设与生态环境保护相结合。在高标准农田建设中，注重保护和恢复农田的生态功能，加强农田土壤质量改良和保护，减少农业面源污染。同时，加强对农药、化肥等农业生产资料的管理，推广绿色、有机农业技术，提高农田的生态环境质量。

（二）大力推进种源等农业技术攻关

种源是农业生产的基础，农业关键核心技术是现代农业发展的重要支撑。大力推进种源等农业关键核心技术攻关，对于提高农作物品质和产量具有重要意义。

首先，应加强优良种质资源保护和利用。通过收集、保存、鉴定和繁殖

优良种质资源，建立完善的种质资源库，推广优质、高产、抗逆的新品种。同时，加强对农作物基因资源的研究和利用，提高农作物品质和抗病虫害能力。

其次，应加强农业科技创新。加大对农业科研院所和企事业单位的支持力度，提高农业科技创新能力。加强农业科技应用，推动科技与农业生产相结合，提高农业生产的科学性和效益性。

最后，应加强作物种植技术指导。通过开展农作物种植技术示范和培训，提供农作物种植技术咨询和指导，帮助农民科学种植，提高农作物的产量和质量。同时，加强对新技术、新品种的推广应用，提高农民的种植技术水平和经验。

（三）有效防范应对农业重大灾害

农业重大灾害对于农田耕作和农作物生长造成严重影响，防范和应对农业重大灾害是保障农业生产稳定的关键。

首先，加强灾害监测和预警。建立健全的灾害监测网络和信息发布系统，及时掌握灾害发生的动态和趋势，提前做好防范和应对准备。同时，加强对农业气象、病虫害等灾害因素的研究和预测，提高灾害预警的准确性和及时性。

其次，加强灾后恢复和重建工作。灾害发生后，及时组织力量进行农田抢修和农作物恢复工作，保证农业生产的及时恢复。同时，加强对受灾农民的帮扶和扶持，提供必要的补贴和支持，帮助农民度过灾害带来的困难。

最后，加强灾害防控设施建设。通过建设防风、防旱、防洪等灾害防控设施，提高农田和农作物的抗灾能力。加强水库、堤坝、水利工程的管理和维护，确保其正常运行和安全性。

强化现代农业基础支撑是实现农业持续发展和粮食安全的关键。我们需要全面完成高标准农田建设阶段性任务，大力推进种源等农业关键核心技术攻关，有效防范应对农业重大灾害。只有通过这些举措的有效实施，才能够建立起现代农业的坚实基础，推动农业向高质量发展的方向迈进。

三、坚决守住不发生规模性返贫底线

近年来，中国在减贫事业上取得了巨大的成就，数以亿计的贫困人口成功脱贫。然而，面对新的挑战和变化，我们依然不能放松警惕，要坚决守住不发生规模性返贫底线。为了实现这一目标，我们应当完善监测帮扶机制、推动脱贫地区帮扶政策落地见效，并促进脱贫人口持续增收。下面将分别阐述这三个论点，展示如何全面建立起一个稳定的脱贫机制。

（一）完善监测帮扶机制

要守住不发生规模性返贫底线，首先需要建立健全监测机制，及时发现并解决贫困人口面临的问题。这包括两个方面的内容。

首先，要完善贫困人口数据的收集和更新工作。只有及时了解贫困人口的情况，才能有针对性地进行帮扶和支持。政府可以加强与各级部门的信息共享，建立统一的贫困人口数据库，确保数据的准确性和时效性。

其次，要建立起精准帮扶的监测机制。通过大数据、人工智能等技术手段，对贫困地区进行实时监测，及时发现返贫风险，为贫困人口提供精准化的帮扶措施。同时，还要加强对相关政策的评估和监测，确保帮扶政策的有效执行和落地。

（二）推动脱贫地区帮扶政策落地见效

除了完善监测机制外，还需要积极推动脱贫地区的帮扶政策落地见效，真正惠及贫困人口。这需要政府和社会各界共同努力，采取以下措施。

首先，要加大对脱贫地区的资金投入。财政部门应当加大对贫困地区的财政支持力度，确保资金到位。同时，还应当加强对资金使用情况的监管，防止财务违规行为的发生。

其次，要优化帮扶政策的执行。政府应加强与脱贫地区的沟通与协作，了解他们的需求和问题，根据实际情况制定相应的政策，并确保其得到有效

执行。同时，还应鼓励社会资本的参与，促进脱贫地区产业的发展和就业机会的增加。

（三）促进脱贫人口持续增收

为了守住不发生规模性返贫底线，我们还需要着力促进脱贫人口的持续增收。这涉及两个方面的内容。

首先，要加强职业培训和技能提升。通过加强职业培训，提高脱贫人口的就业技能水平，使他们具备更好的就业竞争力，从而实现持续增收。

其次，要推动农村产业的发展。农村是我国贫困人口的主要聚集地，发展农村产业是解决贫困问题的关键。政府可以通过扶持农业科技创新、发展乡村旅游等方式，推动农村经济的发展，增加农民的收入来源。

总之，要守住不发生规模性返贫底线，我们需要完善监测帮扶机制、推动脱贫地区帮扶政策落地见效以及促进脱贫人口持续增收。只有通过全面建立起一个稳定的脱贫机制，我们才能够实现持久性的减贫目标，让更多的贫困人口过上幸福美好的生活。

四、农业机械化是乡村振兴的重要推动力

（一）农业机械化能够提高农民收入

乡村振兴战略的实施需要政府投入资金进行建设，但同样重要的是农民发挥自身主观能动性，投入自身财力来推动乡村振兴建设。然而，这种投入是建立在农民有稳定可靠收入的基础上的。

农业机械化的引入改变了过去农业生产依靠人力、畜力的局面，充分发挥了农业机械化的自动化、高效化和集约化特点。这降低了农业生产过程中种子、化肥、水、人力等一系列生产要素的投入，从而降低了农业生产成本，并提高了农业种植的经济效益。

此外，农业机械化的普及使农民可以充分利用农村丰富的生物资源进行畜牧业养殖和特色种植。通过组织农业合作社等形式，农民能够进行现代农副产品生产，从而扩大增收的渠道。农业机械化的普及为农业生产效率的提高作出了重要贡献，进一步解放了农村富余劳动力，为农民增加收入打下了坚实的基础。

在乡村振兴战略中，政府的资金投入是重要的支撑，但农民的主观能动性和自身投入同样不可忽视。通过农业机械化的推广应用，农民能够降低生产成本、提高经济效益，并通过多样化的农副产品生产拓宽收入来源。这种农业现代化的发展将进一步助推乡村振兴，实现农民群众的增收致富目的。

（二）农业机械化实现农业可持续发展

过去为了实现粮食产量的增长，我国大量使用化肥和农药，然而这种做法却造成了一系列问题。耕地板结、农药残留超标等现象在一些粮食主产区普遍存在，同时地下水资源被过度开采，土壤也面临明显的退化。这些问题严重影响了我国的生态安全，挑战了农业的可持续发展。

在这样的局面下，大力推进农业机械化能够在一定程度上解决当前农业发展中存在的问题。农业机械的秸秆粉碎功能能够通过将秸秆还田来增加土壤中的有机质，从而改善土壤肥力。此外，一些大型农业机械还具备深耕的能力，能够减少土壤中的虫害。为了解决杂草问题，一些地区开始研发物理灼烧的方式，利用农业机械对田间杂草进行灼烧，降低除草剂等化学制品的使用，改用更天然环保的除草方式。

随着农业机械的不断研发升级，农业机械化将成为助力农业实现可持续发展、保护农村生态环境的重要手段。通过引入先进的农业机械设备，可以提高农业生产效率，减少对化肥和农药的依赖，降低农业生产过程中的环境污染风险。同时，农业机械化还能够减轻劳动强度，提高农民的工作效率和生活质量。

然而，农业机械化发展也需要克服一些挑战。例如，农业机械化设备的价格较高，给农民的资金带来了一定压力，同时，农民在操作和维护农业机械时需要一定的技术培训和支持。因此，政府和相关部门应该加大对农业机

械化的支持力度，提供资金、技术和培训等方面的支持，帮助农民更好地适应和应用农业机械化技术，推动农业可持续发展和乡村振兴战略的实施。

（三）农业机械化有效推动城乡均衡发展

改革开放以来，我国城乡发展水平得到了快速提高，但近年来，随着城市化进程的加快，城乡发展差距呈现出逐渐扩大的趋势，这明显不利于实现共同富裕的目标。为了解决这一问题，缩小城乡差距、改变乡村落后的生产生活面貌、实现乡村振兴成了我国农村工作的重要目标。

其中，发展农业机械化是实现乡村振兴的重要途径之一。通过改变传统农村生产模式，将农业由过去粗放式发展转变为依靠现代科技的规模化生产和集约化经营，可以实现农业增产增收的目标。在新时代的农业发展中，人们对农业生产的印象也在发生改变，不再是传统的"面朝黄土背朝天"，而是以无人机、联合收割机、智能灌溉等现代化农业生产方式为代表的现代化农业生产模式。

农业机械化的推行将带来多重好处。首先，它能够提高农业生产效率，减轻农民的劳动强度。现代化的农业机械设备可以实现自动化作业，大大提高了生产效率，节约了人力资源。其次，农业机械化能够降低农业生产成本，提高农产品的竞争力。通过合理利用农业机械设备，可以减少对化肥、农药等投入品的使用，降低生产成本，提高产品质量，增加农民的收入。此外，农业机械化还可以促进农村就业，吸引更多年轻人从事农业生产，推动农村经济的发展。

然而，农业机械化也面临一些挑战和问题。首先是农民对农业机械的接受程度和操作技能的提高。农民需要接受相关培训，掌握农业机械的操作技巧，才能更好地运用这些设备进行农业生产。其次是农业机械化设备的价格和维修保养问题。农业机械设备的购买成本较高，对于一些经济条件有限的农民来说可能存在一定的经济压力。同时，设备的维修保养也需要农民具备一定的技能和知识。

为推动农业机械化的发展，政府应加大对农民的培训和技术支持，提供补贴和贷款等政策措施，鼓励农民购买和使用农业机械设备。同时，还需要

加强农业机械化技术的研发和创新，推出更适应我国农业特点和需求的先进设备。通过政策支持和技术改进，可以促进农业机械化的普及和应用，推动农村经济的发展和乡村振兴战略的实施。

综上所述，发展农业机械化是实现乡村振兴的重要路径之一。通过引入现代化农业机械设备，可以提高农业生产效率，降低生产成本，促进农村就业，推动农村经济的发展。政府和相关部门应加大对农业机械化的支持力度，帮助农民掌握相关技能，提供资金和技术支持，推动农业机械化在我国的广泛应用，为实现乡村振兴战略目标作出积极贡献。

五、农业机械化是乡村振兴的生产力源泉

（一）农业机械化是建设乡风文明的有效载体

农业机械的使用为农民带来了诸多好处，不仅转变了农业生产方式，减轻了劳动强度，还为农民创造了更多的空闲时间，使他们能够从事其他活动。乡村振兴的目标不仅在于实现产业兴旺和生活富裕，还要注重丰富村民的精神生活，改变乡风落后的现象，展示现代农村的精神面貌。

我国拥有悠久的历史和丰富的民俗传统，然而，在外来文化的冲击以及市场经济条件下人们对物质生活盲目追求的影响下，我国乡村文化普遍出现凋零的现象。然而，随着农业机械化的发展，农民不仅收入增加，同时也减少了从事农业生产的劳动时间。这使得农民有更多的空闲时间来组织和参与民俗活动，为丰富农村群众的精神生活作出贡献。通过民俗活动的举办，乡村文化得到了恢复和传承，展现出充满活力的农村文化生活。

农业机械化的发展不仅仅是提高农业生产效率和农民收入的手段，更是为乡村文化的振兴提供了契机。在农民有更多的闲暇时间之余，他们可以组织庙会、民歌比赛、传统舞蹈演出等各种民俗活动，让村民们感受到浓厚的乡土气息，增强对传统文化的认同感。此外，农业机械化的推行还能够吸引年轻人回到农村从事农业生产，他们带来新的思想观念和文化元素，推动了

乡村文化的融合与创新。

要实现农村精神生活的丰富和乡村文化的振兴，需要政府和相关部门的支持和引导。一方面，政府可以加大对农村文化活动的扶持力度，提供场地、经费和组织支持，鼓励村民积极参与并组织各类民俗活动。另一方面，应该加强对农村文化的传承和培育，通过加强教育和宣传，让农民了解和热爱自己的文化传统，并将其融入现代农村生活中。

农业机械化的发展不仅提高了农民收入和生活质量，还为乡村文化振兴提供了契机。通过举办各种民俗活动，农民可以丰富自己的精神生活，展现出充满活力的乡村文化。政府和社会各界应共同努力，加大对农村文化的支持和培育，推动乡村振兴战略的实施，让农村焕发出勃勃生机和独特魅力。

（二）农业机械化促进乡村生态宜居

农业机械化的普及在乡村振兴中扮演着重要的角色。通过推广农业机械化，可以改变目前农村脏、乱、差的生活环境，打造干净、整洁、有序的宜居乡村环境。这对于提升乡村形象和吸引人才、资金等资源具有积极的推动作用。

首先，过去农民缺少秸秆还田技术，导致在粮食收割后往往会将秸秆焚烧。这种焚烧不仅污染空气，还会使灰烬随风飘散，给乡村环境带来不利影响。而农业机械化的推广使得秸秆能够被有效利用，如秸秆还田等，减少了焚烧行为，从而减少了空气污染，保持了乡村的清洁。

其次，我国农业灌溉用水量较大，由于一些地区缺水，农民常常需要大量抽取地下水，这对当地生态环境造成了严重破坏。然而，采用节水灌溉装置可以有效降低农业灌溉用水量，减少对地下水的抽取，有利于当地生态修复和保护。农业机械化在灌溉过程中能够更加精准地控制水量，提高水资源的利用效率，从而减少了水资源的浪费和不必要的损失。

最后，发展农业机械化有助于集约化种植与规模化养殖，推动农业生产技术进步。通过使用现代化的农业机械设备和技术手段，可以改变传统的农业生产方式，提高生产效率和质量，减少人力投入。这不仅改善了农村的生产环境，也为农民创造了更多的就业机会和增收渠道，提升了农村的发展水平和村容村貌。

（三）农业机械化是乡村人才振兴的保障

实现乡村振兴的关键之一是充分挖掘农村的人力资源，发扬勤劳质朴的精神。在推广农业机械化的过程中，不仅需要农业机械操作人员，还需要操作者具备一定的计算机知识和远程操作能力。同时，现代农业机械的维修、使用和运营也需要一定的技术支持。如果缺乏较高的文化水平和强大的技术能力作为支撑，很难正常操作农业机械。因此，农业机械化的推广与普及促进了农民主动学习科学技术知识，不断提高自身的文化修养。

随着农业机械化的普及，农民们不仅需要学会操作农业机械，还需要了解如何运用计算机技术来控制和监测农机的运行。无人机等智能化农业机械的应用，要求操作者具备一定的计算机知识和远程操作能力。这使得农民们需要主动学习新知识和技能，提高自己的综合素质。通过学习计算机知识，农民们可以更好地控制和管理农业机械，提高生产效率和质量。

此外，现代农业机械的维修、使用和运营也需要一定的技术支持。农民们需要学习如何进行机械的维护保养和故障排除，以确保农业机械能够正常运行。同时，他们还需要了解如何正确操作和运营农机，以充分发挥其功能和效益。这就要求农民们具备一定的专业知识和技能，能够应对各种机械操作和维护问题。

农业机械化的推广与普及不仅要求农民们具备操作技能，更重要的是促使他们主动学习科学技术知识，不断提高自身的文化修养。随着信息技术的发展，农民们也更加便捷地接触到新技术和新知识。通过学习科学技术知识，农民们可以更好地适应农业机械化的发展趋势，积极参与到乡村振兴的进程中去。

第二章

乡村振兴背景下农村电商发展概述

　　乡村振兴背景下，农村电商发展呈现出蓬勃的势头。农村电商是指利用互联网和现代物流技术，推动农产品销售、乡村旅游和农村产业发展的新型商业模式。它为农民创造了更多就业机会，改善了农村经济结构，提升了农产品的销售和推广渠道。政府的政策支持、互联网普及以及消费者需求的改变都为农村电商的发展提供了机遇。农村电商的发展有助于推动乡村经济发展，促进农民脱贫致富，实现乡村振兴战略的目标。

第一节 农村电商的产生背景

中国农村地区长期以来面临着许多问题，其中之一就是农产品销售渠道不畅。传统的农产品销售模式主要依靠集贸市场或批发市场，由于交通不便、信息不对称等原因，农民的农产品无法直接触达终端消费者，导致农产品价格低迷、农民收入不高。此外，农产品质量安全问题也一直困扰着农村地区。

互联网的普及为农村电商的发展提供了条件。近年来，中国政府加大农村地区互联网基础设施建设，加快了农村地区的宽带网络覆盖率。这为农民提供了接触互联网的机会，使他们能够更便捷地进行线上交流和交易。

随着农村地区互联网基础设施建设的完善，各大电商平台纷纷进军农村市场。京东、淘宝等知名电商平台相继推出农村版APP，专门面向农村消费者和农产品销售。这些平台通过线上线下结合的方式，打通了农产品的销售渠道，实现了农产品的直供直销，为农村地区带来了新的发展机遇。

中国政府对于农村电商的发展给予了重视和支持。2014年，《国务院关于推进农村电子商务创新发展的指导意见》发布，提出了一系列促进农村电商发展的政策措施，包括加大资金支持、优化电商物流配送、强化电商培训等。这些政策的出台为农村电商的发展提供了有力保障，同时也为农民创业提供了更多机会。

随着农村地区经济的发展和农民收入的增加，人们对于生活品质的要求也越来越高。传统的农产品满足不了人们的需求，而农村电商则以其广阔的商品种类、优质的产品质量和便捷的购物体验受到了农村消费者的青睐。农村电商的兴起满足了农村消费升级的需求，拉动了农村经济的发展。

农村电商的产生为农村经济发展带来了巨大的机遇。首先，农村电商拓

宽了农民的销售渠道，提高了农产品的销售价格，增加了农民的收入。其次，农村电商促进了农村地区的农产品加工业的发展，推动了农村经济结构调整和产业升级。最后，农村电商为农村地区创造了大量的就业机会，促进了农村劳动力转移就业，减轻了农村地区的就业压力。

　　农村电商的产生背景主要源于农业现状的问题、互联网普及推动和电商平台的崛起。政府的政策支持和消费升级需求的催化也为农村电商的发展提供了有力保障。农村电商的兴起对农村经济发展产生了积极的影响，促进了农民收入的增加和农村经济结构的调整。农村电商行业仍然处于快速发展阶段，未来将继续为农村地区带来更多机遇和挑战。

　　研究农村电商的学者表示，农村电商就是基于互联网的农业生产经营新模式，它为农业经营主体（主要是农民）提供了一个对农业进行宣传、品牌建设、生产销售及售后管理的便利平台。也有学者基于双向流通学理论表示，农村电商就是利用先进的信息技术，实现了农村地区的农民、农业和其他地区的主体及行业的联合发展，其主要用于农业经营主体（主要是农民）针对产品和服务而开展的一系列业务，如买卖、在线支付等。根据这一定义可概括出农村电商的三大主要构成部分，即人、货、场。

　　"人"就是从事经营活动和电商的主体，这里主要指农人（农民）。进入农村电商行业的主体，无论是创业者还是就业者，本身都要具备较强的资本和能力，如人力、物力和财力资本以及经营能力、管理能力等。所以，"人"是农村电商能否实现高质量发展的决定性因素之一，它要求农民及其他主体能够熟练运用现代信息技术，充分协调和利用现代农业、物流等资源及创业就业时机，不断积累经验、强化能力，切实规避风险，有效组织管理，最终推动农村电商的持续创收和长久稳定发展。

　　"货"就是农村电商平台上所呈现的货物，一方面是来源于农村的产品和制品等，另一方面是与农村有关的各类商品，如电器、农用物资、日常用品等。这里强调的农村电商中的"货"，以前者为主，要求这些产品和制品以市场消费为导向，依据国家质量安全标准生产和制作而成，通过交易和管理能够为经营者（主要是农民）不断创造利益。

　　"场"包括两部分：一部分存在于线上，即利用不断更新的技术而构建和完善的电商平台与交易方式，另一部分存在于线下，即依据持续调整的制

度政策而不断全面发展的、服务于农村电商的高水平服务平台。后者功能齐全，如涉及产品开发和宣传、仓储物流、电商平台管理等各个方面。农村电商的"场"重点不在于数量多少、面积大小，而在于"场"的功能是否齐全、是否正常运作且在农村电商发展中是否充分发挥了积极作用。

综合来说，农村电商的发展就是在电商行业翘楚与高质量人才的操作下，抓住国家政策红利和良好的营销环境，以不断升级的电商为基础以及持续完善的农业生产经营体系、物流网络、供应链等为辅助，通过全能化电子交易平台，利用越来越先进的技术，加强农村各类产品的宣传推广、品牌建设，与电商市场之间建立双向互动合作关系，从而实现农村特色产业创新发展，为农民提供更多就业机会，创造更多收益，也满足不同群体对高品质农产品的需求。

一、农村电商发展的特征

农村电商强调的是农村地区的农产品特色和优势。通过电子商务平台，农村地区能够直接将丰富的农产品推向市场，满足消费者对农产品的需求。农产品的种类丰富多样，包括农作物、畜禽产品、水产品等，具有地域性和特色性。农村电商紧密结合农村地区的市场需求，满足农村居民的购物需求和生活需求。在农村地区，由于交通不便、购物渠道有限等因素，农民对商品的需求相对集中。农村电商可以提供便捷的购物方式，让农民能够方便地购买到所需商品。

农村电商改善了农产品的流通方式，打破了传统的销售渠道限制。传统上，农民的农产品销售主要依靠批发市场、农贸市场等中间环节存在着信息不对称、流通成本高等问题。而农村电商可以直接将农产品与消费者对接，缩短流通链条，降低流通成本，提高农产品的市场竞争力。农村电商不仅提供商品销售服务，还拓展了更多的服务领域，如为农村居民提供金融服务、农业技术咨询、农村旅游推广等。这些服务延伸为农村地区提供了更多的发展机会，促进了农村经济的多元化发展。农村电商在扶贫助农方面发挥了重

要作用。通过电商平台，可以帮助贫困地区的农产品走向市场，提高贫困地区农民的收入和生活水平。同时，电商平台也提供了创业就业机会，促进了农村就业和产业发展。

二、农村电商的含义

农村电商可以定义为在农村地区以电子商务方式进行经营和交易的商业模式。它通过利用互联网、移动支付和物流等技术手段，将农产品、农村特色商品和服务直接连接农民生产者和消费者，实现农产品的销售和流通。农村电商旨在解决传统农村市场的瓶颈和不足，打破地理限制，提升农产品的销售和价值，促进农村经济的发展。它为农民提供了一个便捷的销售渠道，让农产品能够更广泛地进入市场，提高农民的收入水平。电商的模式多样，包括农产品电商平台、农村综合电商服务、农村电商扶贫等。它可以覆盖农产品、农副产品、农业机械设备、农业技术咨询等多个领域，为农村居民提供方便快捷的购物体验和服务。

农村电商是利用电子商务技术手段，以农产品和农村特色商品为主要经营对象，服务于农村地区的商业模式。它具有促进农村经济发展、改善农民收入、推动农产品流通和扶贫助农等重要功能。

三、农村电商对农村经济发展的内在作用分析

在过去的发展中，我国农村地区为支援工业和城镇经济发展做出了许多牺牲和奉献。这导致农村地区长期处于经济发展的边缘，"三农"问题没有得到缓解，反而成为突出问题，造成经济长期没有好转的局面。因此，积极寻求突破、推动农村经济社会发展的切入点变得尤为重要。电子商务作为一种可以冲破传统空间限制的强大力量，对于优化农村经济社会发展结构有着

巨大的影响，从而在促进农村经济社会发展方面起到关键性作用。

在推进城乡一体化发展的进程中，促进农村经济社会发展是第一个重要的问题。城乡之间最根本的差别就是经济社会发展的差异，而电子商务的发展成为缩小差距的关键。电子商务可以通过网络销售商品，打破了传统实体店的地域限制，使农村地区的农产品和手工艺品等能够更广泛地面向全国甚至全球市场。这为农村经济的发展提供了新的机遇和渠道。

首先，电子商务为农民创造了更多的就业机会。通过电子商务平台，农民可以直接将自己的农产品和手工艺品等推广和销售给消费者，不再受制于传统的销售渠道和中间环节。同时，电子商务的运作和管理也需要一定的人力资源，为农村地区提供了培训和就业机会，带动了当地经济的发展。

其次，电子商务促进了农村地区的产业升级和转型。通过电子商务平台，农民可以更好地了解市场需求和趋势，调整自己的生产结构和产品类型。例如，一些农村地区逐渐发展起了农家乐、乡村旅游等新兴产业，通过电子商务平台进行宣传和预订，吸引了更多的游客和消费者，推动了当地产业的升级和增值。

此外，电子商务还为农村地区带来了信息化和技术创新的机遇。通过电子商务平台，农民可以获取更多的市场信息和技术支持，了解最新的种植技术、生产工艺和市场趋势等，提高了农产品的质量和竞争力。同时，电子商务的发展也催生了一批创新企业和科技人才，为农村地区带来了新的技术和管理模式，推动了农村经济社会的发展。

电子商务作为一种具有巨大潜力的发展模式，对于促进农村经济社会发展起到了关键性作用。通过电子商务的推广和应用，农村地区可以打破传统的地域限制，拓展市场空间，促进农产品销售和产业升级。同时，电子商务还带来了就业机会、信息化和技术创新，为农村地区带来了更多的发展机遇。

通过电子商务下乡，农业经济发展的投资结构得到了重新配置，优化了要素投资结构，推动了农业经济的转型升级。在传统的经济发展方式中，注重资本导向的发展，导致社会资源分配不平衡，资本、科技、人才等社会资源以及农业产出的粮食倾向于集中在城镇地区，直接导致农业经济社会发展的相对滞后。与快速发展的城市经济相比，农村经济发展缺乏实质性进展，

同时也加剧了社会收入差距的负面影响。然而，随着电子商务的不断发展，它为农村经济的成长要素提供了一个突破口，促使资本、人力、技术等各项资源不断流入农村地区，对农村市场的全面发展起到积极的作用。

首先，通过电子商务下乡，农村地区得到了更多的资本投入。传统经济发展模式中，由于信息不对称和交易成本较高，农村地区往往受制于有限的资金支持。而电子商务提供了一个便捷的平台，使得资本可以更加灵活地流动到农村地区，通过融资、投资等方式支持农业产业链的发展。这样的投资结构重新配置使得农村地区的农业经济得到了更多的资金支持，推动了生产力和产业的升级。

其次，电子商务下乡促进了人力资源的流动。在传统经济发展中，由于农村地区相对较少的就业机会和较低的工资水平，人才流失成了一个严重的问题。而电子商务的兴起为农村地区提供了新的就业机会和发展空间，吸引了一批有能力和有创新意识的人才回流到农村地区，促进了人力资源的重新配置。这不仅提升了农村地区的劳动力素质和技术水平，也为农业经济的发展注入了新的活力。

此外，电子商务下乡还带来了先进的科技和技术应用。通过电子商务平台，农民可以接触到更多的科技信息和农业技术，了解最新的种植、养殖、管理等技术方法。同时，电子商务的发展也催生了一批农业科技企业和创新团队，为农村地区带来了先进的科技和技术支持，促进了农业的现代化和智能化发展。

综上所述，通过电子商务下乡对农业经济发展的投资结构进行重新配置，优化了要素投资结构，推动了农业经济的转型升级。电子商务的发展为农村地区拓宽了资本来源，促进了人力资源流动，引入了先进的科技和技术应用。这些积极的变化使得农村经济得到了更多的发展机遇，为农民增加了收入，促进了农村地区的全面发展。随着电子商务的不断完善和普及，相信农村经济将迎来更加广阔的发展前景。

第二节　农村电商的发展现状

当前，随着电子商务进农村规模的不断扩大以及数字乡村建设的不断推进，"农产品上行"和"工业品下行"的规模进一步得到扩大，随之而来的是农村消费市场的不断升级。

随着我国农村地区网络基础设施条件不断完善，逐步建成了更加广泛的网络宽带环境，农村互联网普及率和宽带接入率进一步得到提高，农村网民数量也呈现出迅猛的增长态势。

根据2010—2020年《中国农村互联网发展调查报告》的有关数据显示，我国农村网民规模在 2010 年为 1.25 亿，而到了 2020 年增长到3.09 亿，十年间形成了成倍的增长规模，除此之外农村互联普及率也有快速的提升，从18.6%增长到55.9%。而当前我国农村居民总量约为 5.5 亿总人口，因此从农村人口总量来看，无论是农村网民规模抑或是农村互联网普及率都有很大的提升空间，这就需要以信息技术的不断渗透来得以实现，这也表明当前农村市场仍然具有着较大的开发潜力。近年来，随着网民规模的扩大，其所带动的网络商品交易的种类和交易的规模也在不断的扩大。

有关数据显示，自 2014 年以来农村网络规模急剧扩张，从 2014 年的0.18 万亿增长到 2020 年的 1.79 万亿，在过去六年的时间里呈现出来了近十倍的快速增长规模。但是通过观察 2019 年和 2020 年网络零售额的数据变化可以发现，受新冠疫情影响的冲击，网络零售额的增速开始放缓，但是伴随着政府以及各地方的消费刺激政策，相信这一情况会很快得到缓解。而六年间近十倍增长规模的背后离不开技术的支持与政策的扶持。农村电商的快速发展与普及同样离不开丰富多样的电商模式。依托于现代信息技术的快速发展，大批互联网电商行业如雨后春笋般涌现，如淘宝、京东、唯品会、去哪

儿等一批互联网电商的涌现，在迅速抢占城市消费市场的同时，各大电商平台也逐渐发现了农村这个有着巨大潜力的市场，一批批互联网企业开始下乡，如农村淘宝、拼多多等开始挖掘农村资源，抢占农村市场份额。从电商模式看，当前中国农村电商主要包括 B2C、C2B、S2B2C 以及 C2C 四种模式，其中 B2C 的含义主要是指针对消费者而言的农产品网站，最主要的代表是京东和苏宁易购两大平台。

C2B 指的是集合竞价订购的模式，如拼多多就是集合竞价模式的典型代表。B2C 指的是农产品供应链模式，具有代表性的是中农网等网站。而 C2C 指的是农民对消费者的模式，如当前的农村淘宝即采用了该种模式。丰富的电商平台不仅增加了农民消费者的选择，促进了"消费品下行"带动了农村居民消费升级，提升了生活质量和品质，其更是推动了"农产品上行"，拓宽了农产品的销路和渠道，带动农村居民增收致富。未来几年，随着数字乡村以及电子商务进农村建设的不断推进，加之新一代信息技术对农业农村生产的附加作用，最终定会重新构造农业农村生产体系，推进农业农村更高质量的发展。

一、互联网普及率逐年提高

农村电商的发展需要基于互联网的技术和平台。为了参与农村电商活动，农村地区需要具备互联网接入和使用的能力。因此，农村电商的兴起促使了互联网在农村地区的普及。随着互联网在农村地区的普及率提高，越来越多的农村居民能够接触到互联网，了解和参与农村电商活动。这为农村电商提供了更广阔的用户基础和市场潜力。互联网技术为农村电商提供了在线交易、数字支付、物流配送、在线营销等基础设施和工具。当互联网普及率提高时，农村电商可以更好地利用这些技术来扩大业务规模和提升效率。

因此，农村电商的发展与互联网普及率相互促进。互联网普及为农村电商提供了基础条件，而农村电商的发展又推动了互联网在农村地区的进一步

普及。这种相互促进的关系有助于推动农村电商和互联网在农村地区的可持续发展。

二、农村电商销售规模扩大

农村电商的销售额持续增长。数据显示，农村电商的销售额在不断攀升，涉及的商品范围也不断扩大。这主要归因于互联网技术的普及和农村电商平台的发展，为农村居民提供了更多的购物选择和便利。农村电商销售的商品种类越来越多样化。除了农产品之外，农村电商还提供家居用品、日用品、服装、家电等各类商品。这满足了农村居民多样化的消费需求，促进了农村消费升级。

农村电商的销售规模逐渐扩大到更广泛的地区。起初，农村电商主要集中在一些经济发达的农村地区，但随着农村电商平台的不断发展和互联网覆盖的扩大，越来越多的农村地区都能够参与到农村电商的销售网络中。

政府对于农村电商的发展给予了积极的政策支持。政府鼓励农民参与农村电商，提供相关培训和扶持政策，促进电商平台和农村合作社的合作，以推动农村电商的发展。农村电商销售规模在快速扩大，商品种类丰富，区域覆盖面扩大，并得到政策支持。这一发展趋势为农村居民提供了更多的购物选择，促进了农村经济的发展。

第三节 乡村振兴背景下农村电商发展的机遇与挑战

一、农村电子商务发展背景

(一) 经济背景

首先，随着城市化进程和农村工业化的推进，农村经济结构正在发生变化。传统的农业经济面临着产能过剩、农产品价格波动等问题，需要寻找新的增长点。农村电子商务提供了一种新的发展路径，通过将农产品与互联网技术相结合，促进农村经济结构调整和转型升级。

其次，数字经济的快速发展为农村电子商务的兴起提供了有利条件。数字技术的普及和互联网的普及率提高，使得农村地区也能够参与到数字经济的发展中。农村电子商务借助互联网平台和数字支付等工具，加速了数字经济在农村地区的融入和发展。

再次，过去，由于信息不对称和物流限制，农村地区的消费者面临着有限的购物选择和高额的购买成本。随着农村电子商务的发展，农村消费者能够通过在线购物平台获得更广泛的商品选择，价格也更加合理。这有助于缩小城乡之间的消费差距，提高农村居民的生活品质。

最后，政府对农村电子商务发展给予了积极的政策支持和资金投入。政府制定了一系列扶持政策，鼓励企业和农民参与农村电子商务，并提供资金支持、税收优惠等措施，推动农村电子商务的发展。

综上所述，农村电子商务的发展经济背景包括农村经济结构调整、数字

经济的崛起、城乡消费差距的缩小以及政府的政策支持和资金投入。这些因素共同推动了农村电子商务在经济领域的发展和壮大。

(二) 政策背景

乡村振兴战略是中国政府提出的重要发展战略之一。其中包括了促进农村电子商务发展的相关政策措施。政府通过加大对农村电子商务的支持力度，推动农村经济转型升级，提升农民收入水平，促进乡村振兴。

首先，政府制定了一系列扶持政策，鼓励企业和农民参与农村电子商务。这些政策包括提供财政补贴、税收优惠、低息贷款等，以降低农村电子商务的创业门槛和经营成本，激发农民的积极性。

其次，为了减少贫困地区的贫困率，政府推出了电商扶贫政策，鼓励贫困地区的农民通过农村电子商务平台销售当地特色产品。这不仅提供了增加收入的机会，还帮助贫困地区打开市场，推动脱贫攻坚工作。

再次，政府加大了对农村电子商务基础设施建设的支持。这包括扩大互联网覆盖范围，提升网络速度和稳定性，推动电商物流体系的完善，以确保农村居民能够顺利参与到电商活动中。

最后，政府努力营造良好的农村电商发展环境。这包括推进电商法律法规的制定和完善，加强电商市场监管，保护消费者权益，维护市场秩序，为农村电商的健康发展提供法律保障。

二、农村开展电子商务的意义

随着乡村振兴战略的实施，不少农村地区开始发展现代化农业、绿色农业、观光农业以及农村电商产业，产生了对农村劳动力的大量需求，不少外出务工人员开始返乡，激发了农村消费市场的活力，有力地提高了当地居民的收入水平和生活水平。特别是农村电商的兴起，使农村市场与城市大市场紧密衔接，实现了农业产供销的有效结合，使得越来越多农产品

走出农村市场，加速了农产品的流通，带动了农村产业模式变革升级。同时，农村电商的发展培育了大量优秀的农村本土电商企业，为当地创造了大量的工作岗位，在缓解农村就业难的同时，减少了人才外出以及农村空心化等现象，对提升农村地区的社会稳定和经济繁荣起了很大的帮助作用。

首先，农村电子商务打破了地理限制，使农产品能够更广泛地进入城市市场和全球市场。通过电子商务平台，农民可以直接销售农产品，提高销售渠道的覆盖范围和效率，从而促进农村经济的发展。传统的农产品销售主要依赖于中间商和传统市场，存在信息不对称和价格不透明等问题。而农村电子商务提供了直接连接农民和消费者的渠道，减少了中间环节，提高了农产品的附加值和市场竞争力。

其次，农村电子商务为农民提供了创业和就业的机会。农民可以通过网络平台开设电商店铺，销售自产农产品或代理其他商品。这不仅能够增加农民的收入，还有助于提高农民的创业意识和经营能力，促进农村的脱贫攻坚工作。

最后，农村电子商务通过整合和优化农产品供应链，提高了物流和配送的效率。农产品可以更快速、更安全地送达消费者手中，减少了运输环节中的损耗和浪费，提高了农产品的品质和市场竞争力。农村电子商务推动了数字技术在农业和农村地区的应用和普及。农民可以通过手机或电脑获取农业信息、销售产品、学习技术等，提升了农业生产和管理的水平。同时，农村电子商务的发展也带动了互联网、物流、支付等相关产业的兴起，促进了农村地区的数字化发展。

农村开展电子商务有助于促进农村经济发展、扩大农产品销售渠道、促进农民增收与脱贫、优化农产品供应链，同时也推动了数字化农业和农村发展。这些意义使农村电子商务成为农村经济转型升级和乡村振兴的重要路径之一。

三、当前农村电商发展现状问题

（一）基础设施及设备落后

当前，农村地区的互联网覆盖率相对较低，网络速度和稳定性有待提升。一些偏远地区甚至存在网络盲区，导致农民难以顺利接入互联网，限制了他们参与电商活动的能力。

农村地区的物流和配送系统相对不完善，配送服务的覆盖范围和时效性有待改善。由于农村地区交通条件复杂、线路不畅通，物流成本较高，配送难度大，导致农产品的快速送达面临困难。农村地区的支付方式有限，往往以现金交易为主。缺乏便捷的电子支付工具，限制了农村电商交易的便利性和安全性。这也限制了农村电商发展和消费者的购买能力。

农村地区缺乏电商培训和人才支持机制。农民对电商知识和技能的了解有限，缺乏相关的创业和经营经验。同时，农村电商领域的专业人才短缺，制约了电商平台的运营和服务能力。

农村地区信息不对称和信任问题仍然存在。农民对于市场需求、产品质量、价格信息等的获取有限，同时由于缺乏对电商平台的信任，可能会对在线购物持怀疑态度，影响农村电商的发展。

这些问题影响了农村电商基础设施的完善和发展，需要政府、企业和社会各界共同努力，加大投入和支持力度，解决互联网覆盖、物流配送、支付方式、人才培养和信息信任等方面的挑战。

（二）农村电商人才匮乏

近年来，我国中央及各地政府纷纷出台助力农村电商建设与发展的相关政策，为农村电商的发展提供了市场和政策上的利好。然而，要实现乡村振兴，人才是至关重要的因素。从人才的角度来看，目前大部分农村地区存在电商专业人才不足的问题，这限制了农村电商的进一步发展。调查数据显示，我国当前对电商人才的整体需求超过500万人，尤其是对专业美工、运

营和数据处理人才的需求非常大。然而，在实际情况中，我国农村地区现有电商人才数量严重不足，并且质量还有待提升。

农村电商不仅仅是传统经营模式中"一手交钱、一手交货"的简单过程，它融合了信息处理、美工设计、运营维护等一系列信息技术的综合性工作。然而，很多农村电商从业人员尚未充分认识到这一点，对农村电商的认识较为片面和单一，导致工作开展受限。

为解决农村电商人才不足的问题，需要采取一系列措施。

首先，政府可以进一步加大对农村电商人才的培养和支持力度，通过开设相关培训课程和专业学院，提供必要的技术和管理知识，培养更多的农村电商专业人才。同时，政府还可以设立奖励机制，鼓励高校毕业生等有创业意愿的年轻人到农村地区从事电商工作，为他们提供相应的资金、政策和资源支持，以吸引更多优秀的人才投身于农村电商发展。

其次，企业和社会组织也可以发挥积极作用，与教育机构合作，共同开展农村电商人才培养项目。通过与高校、职业培训机构等建立合作关系，提供实践机会和实习岗位，帮助学生和青年了解并参与农村电商的实际工作，增强他们的实践能力和专业素养。同时，企业还可以提供有竞争力的薪酬和福利待遇，吸引更多人才加入农村电商行业。

此外，农村电商从业人员也需要自身加强学习和提升。他们应该意识到农村电商的复杂性和多样性，积极学习相关知识和技能，不断提升自己的综合素质。同时，他们还应该主动参与行业交流和学习活动，与同行分享经验，提高自己的专业水平和工作能力。

总之，解决农村电商人才不足的问题是促进农村电商进一步发展的关键所在。政府、企业和从业人员都需要共同努力，加大对农村电商人才的培养和支持力度，提高人才储备和专业素质，为农村电商的持续发展提供坚实的人才支撑。只有这样，农村电商才能充分发挥其在乡村振兴中的重要作用，推动农村经济的蓬勃发展。

（三）农村电商产品质量参差不齐

农村电商的快速发展带来了一系列问题，其中之一就是产品质量参差不

齐。由于农村电商平台众多，产品来源广泛，导致了产品质量无法得到有效监管和控制。些农产品在销售过程中可能会出现质量问题，如虚假宣传、假冒伪劣商品等。农村电商平台应该加强对供应商的审核和筛选，建立起一套完善的质量管理体系。同时，加强对商品质量的抽检和监控，及时处理投诉和纠纷，提高消费者的购物体验和信任度。

（四）农村电商品牌建设不完善

农村电商在品牌建设方面还存在差距。由于资源有限和市场认可度不高，很多农村电商缺乏知名度和影响力，无法形成自己的独特品牌形象。这导致了产品销售的局限性和竞争力不足。农村电商需要加大对品牌建设的投入和力度。通过提供优质的产品和服务，树立良好的企业形象和口碑，打造有竞争力的品牌。同时，加强市场营销和推广，让更多消费者了解和认可农村电商品牌，从而提升市场份额和竞争力。

（五）农村电商地区发展不均

目前，农村电商的发展在地区上存在不均衡现象。一些经济条件较好的地区，由于具备基础设施和人力资源的优势，农村电商发展较为迅速，而一些经济欠发达地区，由于基础设施滞后和信息闭塞，农村电商发展相对较慢。

政府需要加大对农村电商发展的支持力度，加快农村地区的基础设施建设，提升网络覆盖率和运营速度。同时，加强对农村电商的政策扶持和资金支持，鼓励更多企业进农村、促进农民创业，推动农村电商的全面发展。

（六）市场范围受限

由于物流配送的问题、人们对线上购物的认知度不高等原因，农村电商的市场覆盖面还不够广泛。很多农民对于农村电商的了解和使用仍存在一定的障碍。要解决这个问题，农村电商平台需要加大对农村地区的宣传和推广

力度，提高消费者对农村电商的认知度和信任度。同时，加强农村物流配送体系的建设，缩短货物运输时间，降低物流成本，提升用户体验。此外，还需要加强对农民的培训和教育，提高他们的互联网和电商使用能力，提升整个市场的发展潜力。

四、乡村振兴战略背景下农村电商发展的有效路径

随着乡村振兴战略的面推进，农村电商作为促进农村经济发展、增加农民收入的重要手段，正发挥着越来越重要的作用。然而，由于农村地区基础设施相对薄弱，电商人才储备不足，产品质量监督管理体系不健全等问题，农村电商发展仍面临一系列挑战。因此，我们需要探索一条有效的路径，以推动农村电商行业的快速发展。

（一）加强农村基础设施设备建设

农村地区基础设施的完善是农村电商发展的基础。首先，应加大农村电力、通信、物流等基础设施建设力度，提升农村地区的网络覆盖和传输速度，解决农村电商发展中的信息不对称和网络断档问题。其次，要加强农村仓储和物流设施建设，改善乡村电商的配送能力和服务质量。最后，应推动农村金融体系的完善，为农村电商提供更加便捷、灵活的金融服务。

（二）强化电子商务人才储备

农村电商的发展需要具备大量电商专业知识和实践经验的人才。政府应加大对农村电商人才的培养和引进力度，通过开展培训班、举办招聘会等方式吸引更多优秀的电商人才到农村地区从事电商工作。同时，还要加强农村电商人才队伍的持续学习和提升，鼓励他们创新思考、勇于实践，提高农村电商的管理和运营水平。

农村电商需要具备一支专业、高素质的人才队伍，包括电商运营、营销策划、技术研发、物流管理等方面的人才。然而，在农村地区，由于教育和培训资源的不足以及人才流失等问题，导致人力资本累积不足，难以满足农村电商发展的需求。

品牌资本是企业在市场上的声誉和知名度，是建立客户信任和忠诚度的重要资本。农村电商需要通过品牌建设来提升产品的认知度、品质和竞争力。然而，在农村地区，由于传统经营方式、营销手段和市场推广的不足，农村电商的品牌资本累积相对较低，难以在市场上获得足够的竞争优势。

政府可以加大对农村电商人才培养的支持，推动建立相关培训机制和教育体系，提高农村电商从业人员的专业素质和创新能力。同时，鼓励引进优秀的人才到农村地区从事电商业务，提供吸引人才的激励政策和优厚待遇。

首先，农村电商可以注重品牌建设，加强产品质量和服务水平的提升，通过市场营销、宣传推广等方式提升品牌知名度和影响力。政府可以提供相关政策支持，鼓励农村电商参与品牌培育计划、展会活动等，提升品牌资本的累积。

其次，农村电商可以积极与城市电商企业、知名品牌、物流公司等建立合作关系，共享资源和经验。与优秀的合作伙伴合作，可以借助其品牌影响力和专业能力，提升自身的品牌资本。同时，通过合作共享物流、营销渠道等资源，提高运营效率和服务质量。

最后，农村电商可以积极参与行业组织和交流活动，与其他农村电商企业共同面对人力资本和品牌资本的挑战。通过行业合作和经验交流，共同探讨解决方案，提升整个农村电商行业的人力资本和品牌积累水平。

通过以上措施，可以逐步解决农村电商发展人力资本与品牌资本累积不足的问题，提升农村电商的竞争力和可持续发展能力。同时，需要政府、企业和社会各方共同努力，形成良好的发展环境和支持体系，推动农村电商迈向更高水平。

（三）健全农村电商产品质量监督管理体系

农村电商产品质量是保障消费者权益的重要因素。应建立健全农村电

产品质量监督管理体系，制定相关标准和规范，加强对农产品、农副产品等商品的质量监管。同时，要加强对农村电商平台的监督，确保平台上销售的商品真实、合法、安全。此外，还要加强对农村电商运营主体的监管，规范其经营行为，提升产品质量和服务水平。

乡村振兴战略背景下，农村电商发展的有效路径包括加强农村基础设施设备建设、强化电子商务人才储备，以及健全农村电商产品质量监督管理体系。只有通过这些措施的综合推进，能够为农村电商行业的快速发展提供坚实的支撑，促进农村经济的繁荣和农民收入的增加。

（四）加大农村电商物流基础设施

农村地区缺乏专业的物流从业人员，人才培养和引进不足。同时，物流技术应用相对滞后，缺乏信息化和智能化的物流系统。由于农村地区的交通条件和基础设施限制，物流成本相对较高。运输距离长、线路复杂导致运营成本增加，影响农村电商的竞争力和利润空间。农村电商物流服务缺乏规模化运营和合作机制，导致物流资源无法充分整合和利用。农村电商商家之间缺乏合作共享的意识和机制。政府可以加大对农村电商物流基础设施的投资，改善农村交通、仓储和配送设施，提升物流网络的覆盖范围和运输效率。同时，培养和引进专业的物流人才，提高物流从业人员的专业素质和技术水平。同时，推广物流信息化和智能化技术应用，提升物流服务的效率和可靠性。引导合作与共享机制，鼓励农村电商商家之间建立合作共享的机制，通过物流资源的整合和共享，降低物流成本，提高物流服务的质量和效率。通过引入新的物流模式，如物流外包、合作配送等，优化农村电商物流服务。鼓励第三方物流企业进入农村地区，提供专业的物流服务。

此外，利用现有技术手段，如无人机、智能快递柜等，探索适应农村地区特点的物流配送方式，提升物流服务的效率和覆盖范围。例如，可以尝试利用无人机进行农产品的快速配送，或者在农村地区设置智能快递柜，方便消费者取件。建立起农村电商、物流公司、仓储企业等之间的协同合作机制，形成整体优势。通过共享物流设施、资源整合和信息共享，提高农村电商物流服务的效率和质量。

政府部门可以加强对农村电商物流服务的监管，制定相应的服务标准和规范，提升物流服务的可靠性和安全性。同时，鼓励物流企业自律，提高服务质量和用户体验。

第四节　乡村振兴与农村电商的互助发展

一、先进科技和要素渗透将推动乡村产业深刻变革

这意味着通过将先进科技应用于农村领域，如农业技术创新、信息技术、物联网等，以及将更多的要素引入农村，如资金、人才、管理经验等，可以带来农村经济的革新和发展。这种变革可能包括农业生产方式的改变，增加农产品的产量和质量，提升农村地区的基础设施和服务水平，促进农村经济的多元化发展以及改善农民的生活质量等。

科技对乡村产业变革具有重要的影响和促进作用。科技的应用可以改善农业生产过程，如使用先进的农业机械和设备、智能传感器、无人机等，可以提高农作物的种植效率和质量，减少人力成本，并帮助农民更好地管理土壤、水资源和气候条件。

科技的发展促进了农产品的加工和价值链升级。通过引入先进的加工技术和设备，农产品可以进行加值处理，从而提高产品质量、延长保鲜期、创造更多的就业机会，并扩大农产品的市场范围。

互联网和电子商务技术为农村地区的农产品销售提供了新的渠道和机会。通过在线平台和电子商务应用，农民可以直接将农产品销售给城市消费者，减少中间环节，提高销售效益，同时也能够更好地了解市场需求和趋势。

科技的进步为农业信息化提供了基础。通过农业物联网、大数据分析和

人工智能等技术，农民可以获得更多的农业信息和数据，帮助他们做出更明智的决策，如合理安排农作物的种植、施肥、病虫害防治等，提高农业生产的效益和可持续性。

二、特色小镇将成为助力乡村振兴的新经济模式

特色小镇是指具有独特特色和地方文化内涵的城镇，通过整合资源、优化产业结构、提升服务水平和改善生态环境等综合措施，以打造独特的城市形象和发展特色，促进经济发展和社会进步。

特色小镇的核心目标是通过整合城乡资源，打造特色产业和文化，吸引人才和投资，提升城镇的竞争力和吸引力，实现可持续发展。这些小镇通常在经济、文化旅游、农业等领域具有独特的特色和优势。通过发展具有地方特色和竞争力的产业，形成产业集群和优势，提供就业机会，促进经济增长。

注重保护和传承地方的历史文化遗产，挖掘和利用本地的文化资源，推动文化产业的发展，并在建设中注重创新和融合。合理规划和设计，打造宜居、宜业、宜游的城市环境，提供高品质的基础设施和公共服务，提升居民的生活质量。发展旅游业，吸引游客，提供丰富的旅游体验和休闲设施，推动经济增长。

特色小镇的建设旨在实现城乡融合发展优化资源配置、提升城市品质和居民生活水平。它们不仅有助于推动地方经济的发展，还能提升地方形象、保护文化遗产、改善生态环境，并促进人口流动和城乡协调发展。

在乡村振兴的过程中，特色小镇被认为是一种新兴的经济模式，具有潜力成为推动乡村发展的重要力量。

特色小镇是指在乡村地区建设起来的一种以特色产业为依托，以特色文化为支撑的综合性发展平台。它不仅提供就业机会还吸引了游客和投资者，带动当地经济发展。特色小镇通常以独特的文化、自然资源或产业为基础，通过开发相关的旅游、农业、手工艺品、创意设计、科技创新等产业，为当

地带来经济效益和发展机遇。

特色小镇通过整合和利用当地的资源，推动乡村地区优势产业的发展，促进资源的转化和升级。特色小镇的建设和发展为当地创造了更多的就业机会，提高了居民的收入水平，减少了农村人口的流失。特色小镇将农业与旅游、创意产业等结合起来，推动了农业的现代化发展，提高了农民的生产技术和管理水平。虽然特色小镇位于乡村地区，但也吸引了城市居民的关注和参与，促进了城乡之间的交流与合作，实现了城乡融合发展。因此，特色小镇被视为乡村振兴战略中的新经济模式，它为乡村地区带来了发展机遇，提升了农村经济的活力，并且有助于实现城乡共同发展的目标。

三、头部电商平台加快布局

在农村电商中，头部电商平台加快布局指的是具有规模和影响力的领先电商平台在农村市场加大投入和行动的过程。

农村地区人口众多，但传统零售网络有限，消费需求巨大，因此农村市场具有巨大的潜力。头部电商平台通过加快在农村地区的布局，可以抓住这个巨大的市场机会。农村地区的物流、支付和数字基础设施通常相对薄弱，这对电商活动造成一定的挑战。头部电商平台可以通过投资和合作，改善物流网络和支付体系，提高农村电商的效率和便利。

农村地区是农产品的主要生产地，但由于信息不对称和中间环节的利润损失，农民通常难以获得公平的收益。头部电商平台可以通过直接连接农民和消费者，提供农产品销售渠道，减少中间环节，帮助农民获得更好的收益。头部电商平台在农村市场的布局不仅仅是为了自身利益，也是为了构建完善的电商生态系统。通过吸引更多农村地区的商家和服务提供商入驻，头部电商平台可以促进农村经济发展，提高就业机会，并且带动相关产业的发展。

四、协助发展区域特殊产业

农村电商与发展区域特殊产业之间存在紧密的关系。农村电商是指利用互联网和电子商务技术，促进农村地区的商品交易和农产品销售的商业模式。而发展区域特殊产业是指在某一地区或特定条件下形成的独特产业，通常具有地域特色和竞争优势。

农村电商为发展区域特殊产业提供了广阔的市场和销售渠道。通过电商平台，农村地区的特殊产业可以突破传统的地域限制，将产品推向更广阔的消费者市场。这有助于促进农村地区特色产业的发展和增加农民收入。同时，发展区域特殊产业也为农村电商提供了独特的商品和服务。这些特殊产业的产品往往有独特的地域特色和品质优势，能够吸引更多的消费者。农村电商平台可以通过合作和支持这些特殊产业，提供更多种类的商品选择，满足消费者对于特色产品的需求。

五、弥补专业型电商人才缺口

（一）对接高校教育，优化培养模式

与高校对接培养人才是在农村电商中多专业知识和技能的有效途径。以下是几种与高校合作的方式。

（1）实习项目：与高校合作，提供农村电商的实习项目。这可以让高校学生亲身参与到实际工作中，了解农村电商的运营和管理。可以联系相关专业的院系或者就业指导中心，了解他们是否有实习项目或者与企业合作的意愿。

（2）培训合作：与高校合作开设农村电商培训课程或研修班。可以与高校的教师或相关专业的研究中心合作，共同设计和推广培训课程，以满足农村电商从业人员的需求。这样的合作可以帮助高校学生和从业人员获得实用

的技能和知识。

（3）项目合作：与高校合作开展研究项目或者创新项目。农村电商领域存在着许多需要解决的问题和机遇，与高校合作进行科研项目可以促进知识交流和技术创新。可以与高校的教师、研究生或科研机构合作，共同探索农村电商的发展和改进。

（4）就业合作：与高校的就业指导中心或相关专业的教师合作，建立联系和渠道以吸引优秀的毕业生来农村电商就业提供实习机会、招聘活动或者专题讲座，可以让高校学生了解农村电商的就业前景和机会。

通过与高校的合作，可以获取到更多的专业知识和技能，培养具备农村电商背景的人才，并促进农村电商的发展。要与高校建立良好的合作关系，定期沟通和交流，以确保合作的顺利进行。

（二）区域空心化严重，无人才可培养

区域空心化是一个城市规划和发展的概念，指的是城市或地区内部的人口、经济和社会资源逐渐减少、凝聚力减弱、空置率增加的现象。这通常发生在城市中心区域或传统的居住商业区，而新兴的郊区或周边地区则经历人口和经济的增长。

区域空心化可能是由多种因素引起的，包括人口流出、城市规划失衡、经济结构变化、基础设施衰退等。这种现象常常导致城市中心的建筑物空置、商业活动减少，影响就业机会和居民的生活质量。

为了解决区域空心化问题，城市规划师和政策制定者通常采取一系列措施，如改善基础设施、推动经济多元化、提供激励措施吸引投资和人口回流以及重新规划城市区域。这些努力旨在恢复城市的活力和吸引力，促进可持续的发展。

区域空心化可能导致城市中心区域的就业机会减少，因为商业活动和企业投资减少。这对于人才的吸引和留住产生负面影响。人才通常希望在有良好就业机会和职业发展潜力的地方生活和工作。

区域空心化可能会对教育和培训资源的提供产生影响。教育机构、大学和培训中心通常集中在城市中心地区，而当这些地区发生空心化时，教育和

培训资源可能减少。这可能影响人才培养和继续教育的机会。

城市中心通常是创新和合作的中心，因为它们集聚了各种专业人才、产业和创业机会。当城市中心区域空心化时，人们之间的互动和知识交流可能减少，从而影响创新和合作的机会。这对人才的成长和发展也有一定的影响。因此，为了促进人才培养，城市规划和发展策略应考虑避免或减轻区域空心化现象。这可能包括在城市规划中注重均衡发展、提供良好的就业机会、优化教育和培训资源，并创造有利于创新和合作的环境，以吸引和培养人才。

六、优化传统行业产业结构模式，打造新型农村电商产业链条

（1）基础设施建设：改善农村地区的基础设施，包括电力、通信和物流网络。确保稳定的电力供应和高速互联网接入，以便农村居民能够方便地参与电商活动。

（2）培训和技能提升：提供农村居民有关电商的培训和技能提升机会，包括电商平台的使用、网络营销、产品包装和物流管理等。这将帮助他们更好地理解和应对电商运营中的挑战。

（3）农产品品质和安全保障：加强农产品的质量控制和安全保障体系，包括生产环节的标准化和监管，以及农产品的质量认证和溯源体系建设。这将增强消费者对农产品的信任，促进农村电商的发展。

（4）合作社和合作联盟：鼓励农村居民组建合作社和合作联盟，共同参与电商运营。通过集中采购、统一包装和物流配送等方式，提高效率和降低成本，增强农村电商的竞争力。

（5）政策支持和金融服务：制定支持农村电商发展的政策措施，包括税收优惠、金融扶持和创业支持等。提供金融服务，如小额贷款和保险，帮助农村居民开展电商业务。

这些措施将有助于加强农村电商链条，促进农村经济发展，改善农民收

入，并推动城乡经济融合。

（一）完善农村电商产业生态，促进产业集群全面发展

要通过完善农村电商产业生态，改善农村电商的发展环境，进而促进相关企业和产业在某一地区形成集群，通过合作和协同发展来实现更好的经济效益和可持续发展。

农村电商产业生态的完善指的是通过各种措施和政策，优化和改善农村电商产业的整体环境和条件，以促进其健康、可持续的发展。这可能包括加强农村电商的基础设施建设、提供培训和支持、改善物流和支付体系等方面的工作。

产业集群全面发展的促进意味着通过促进农村电商产业集群的全面发展，推动相关企业和产业的互动合作和共同发展。产业集群是指在某个地区形成的具有相关产业和企业的集聚现象，这种集聚能够带来规模经济、技术创新和市场竞争力的增强。

（二）发挥邻近示范作用，提升农村产业集群竞争力

发挥邻近示范作用是指在某个地区或领域中，一个具有成功经验或优势的示范项目、企业或团体能够为周围的其他项目、企业或团体提供指导和榜样，帮助它们改进和发展。在农村产业集群中，这种示范作用可以是指某个农村地区的一家或几家成功的农业企业，通过其创新、高效的经营模式和成功经验为周边的其他农业企业提供参考和启示促进它们的发展。

提升农村产业集群竞争力则是指通过各种措施和手段，提高农村产业集群整体的竞争力和市场地位。这可能包括加强产业链的协同配合，提高产品质量和品牌知名度，加强技术创新和研发能力，改善生产效率和降低成本，提供更好的市场营销支持等。通过这些努力，农村产业集群可以在市场竞争中获得更好的地位和优势，促进农村经济的发展。

（三）优化传统行业产业结构模式，打造新型农村电商产业链条强化

随着互联网技术的迅猛发展，农村电商在促进农村经济增长、改善农民生活水平方面发挥着重要作用。为了进一步推动农村电商的发展，优化传统行业产业结构模式，打造新型农村电商产业链条成为当务之急。

传统农村行业的产业结构模式多年来一直以来存在着诸多问题。首先，农村传统行业主要依赖于传统销售渠道，缺乏创新和变革。其次，农村传统行业产品单一，竞争压力大。最后，资源利用效率低，产业链条闭塞，无法形成完整的产业链。

农村电商可以建设农产品供应链来提高农产品的流通效率和质量。通过建立统一的农产品采购、加工、储存和销售体系，优化供应链各个环节的协同配合，从而提高农产品的市场竞争力。同时，引入冷链物流技术，解决农产品运输和储存过程中的问题，保证产品的新鲜度和质量。

农村电商应积极推动与农业生产的融合，通过与农民合作社、农业企业等建立合作关系，共同开展农产品生产、加工和销售。通过电商平台的推广和农民的培训，提高农民对电商的认知和使用能力，激发他们创业的热情，实现农村电商与农业生产的有机衔接。

农村电商平台应加大对技术研发的投入，提升平台的技术支持和服务能力。通过引入人工智能、大数据分析等先进技术，提高平台的交易便利性和用户体验。同时，加强对农民的培训和指导，提高他们对电商平台的使用效果和效率。

为了打造新型农村电商产业链条，还需要建设完整的电商服务体系。这包括完善的售后服务、物流配送网络、支付体系等。通过提供快速、安全、高效的配送和支付服务，提高消费者农村电商的信任度和满意度。

优化传统行业产业结构模式，打造新型农村电商产业链条具有重要的意义。首先，可以促进农村经济的转升级，推动农产品由数量型向质量型转变。其次，可以提高农民的收入和生活水平，激发农民的创业潜力和活力。最后，可以推动农村电商与城市电商的互动合作，促进城乡经济的一体化发展。

优化传统行业产业结构模式，打造新型农村电商产业链条是当前农村电商发展的关键所在。通过加强对农产品供应链的优化、推动农村电商与农业生产的融合、加强电商平台的技术支持和服务能力以及建设完整的电商服务体系，可以实现农村电商产业链条的强化，促进农村经济的发展，提高农民的生活水平。只有持续推动农村电商的创新发展，才能实现农村电商产业链条的全面升级，为农村经济注入新的活力。

（四）加强农村电商人才队伍建设，提升农民市场信息意识

提高农民市场信息意识具有重要意义，因为它可以帮助农民更好地了解市场需求和价格趋势，从而做出更明智的农产品种植、销售和投资决策。以下是提升农民市场信息意识的一些方法。

（1）提供培训和教育：组织农民培训课程，教授他们如何获取和解读市场信息，了解市场动态、需求变化和价格波动。这可以通过专业机构、农业合作社或当地政府组织实施。

（2）提供定期更新的市场信息：确保农民可以获得及时、准确的市场信息，例如农产品价格、需求预测、市场趋势等。可以利用现代技术，如短信、手机应用程序或互联网平台，向农民提供这些信息。

（3）建立农民合作组织：鼓励农民建立合作组织或农民合作社，通过共享信息和资源，提高他们的市场信息意识。这样的组织可以协助农民进行集中采购、销售谈判和市场调研，增加他们的议价能力和市场影响力。

（4）支持农民间的经验交流：组织农民间的经验分享会议或交流活动，让他们互相学习和分享市场信息。这可以通过农民培训项目、农业展览会或农业合作社的活动来实现。

（5）加强政府支持和政策引导：政府可以通过制定政策和提供经济支持，鼓励农民提高市场信息意识。例如，建立市场信息收集和分发机构，提供补贴或奖励计划，鼓励农民参与市场信息获取和交流活动。

通过这些措施，农民可以更好地了解市场需求和趋势，优化生产计划、提高产品质量，同时更有效地销售和推广农产品，从而提高农民的收入和可持续发展能力。

七、数字技术赋能乡村振兴的内在机理

在新一轮产业革命浪潮中，数字化技术应用潜力迸发，催生了新的业态、模式和产品，从而深刻改变了全球经济格局和产业形态。在这一背景下，将数字技术纳入乡村振兴战略，有助于重构乡村经济、社会治理和生活方式，为乡村全面振兴提供了强大的动力。

（一）数字技术为乡村治理转型增添强大动能

乡村振兴必须建立良好的秩序，而良好秩序源于有效的乡村治理。数字技术的应用为乡村治理提供了新的工具，构建数字化治理平台可以将产业发展、乡村治理等可视化呈现，对引领乡村治理现代化具有重要作用。在内部治理方面，数字化治理平台可以支持村委会进行人口普查、建设乡村安全网络以及解决村内矛盾纠纷等工作。同时，村民也可以通过数字化治理平台提供意见和建议，积极参与宜居乡村建设，促进共建共治共享的乡村治理格局的形成。对于基层政府而言，数字化治理平台可以帮助履行乡村现代化治理中的相关职能，为乡村全面振兴提供多元化的服务和资源。

在外部治理方面，数字化治理平台作为价值汇聚和资源分配的核心，不仅促进广大农户与外部市场的对接，还为农业农村现代化提供便利。数字化治理平台能够充分发挥供需匹配的功能，助力市场交易双方无须通过批发市场，直接完成农产品的交易。此外，市场中的多元参与者通过数字化治理平台能够提高信息资源整合的效率，进一步加强农产品交易协作，减少农产品批发市场中的竞争。数字技术的深度融入还可改变农业生产和乡村资源开发，从而有效解决环境问题，促进可持续发展。

（二）数字技术为乡村经济发展赋予"乘数效应"

乡村经济的持续健康发展对于实现乡村振兴战略的"产业兴旺"和"生活富裕"目标至关重要。数字技术在农业农村领域的广泛应用提高了农民的

信息获取能力，并提高了农业生产的智能化和数字化水平，从根本上改变了农村的发展方式和动力，为乡村经济可持续发展带来了"乘数效应"。

新一代数字技术应用于农业经营管理中，能够全面采集和分析农作物种植、农产品包装等环节的数据，提高农业资源配置效率，为农业降本增效、高质高产提供支持。数字技术与乡村经济的融合，包括"智能支付"、以"直播带货"为代表的新兴销售方式，以及"私人订制"等新业态的发展，推动了智能化的乡村产业运营。数字技术的广泛应用还促进了农村电商的发展，实现了农产品产销的高效衔接，拓宽了农副产品的销售渠道，帮助农户增加收入。

（三）数字技术为乡风文明建设提供关键支持

乡村振兴战略的目标之一是打造乡风文明的现代农村。数字技术的普及有助于扩展乡村文化的内涵和外延，为乡村价值观的传播提供了新的技术支持。数字技术可以更好地记录和保护非物质文化遗产，弘扬乡村优秀价值观。此外，数字技术还可以构建数字化文化资源库，实现数字资源的全面共享，从而突破乡村传统文化遗产受技术和资金等方面限制的困境。

数字技术还有助于提升农村居民的综合素养。通过数字技术开发的远程数字化教育资源，可以克服乡村地区的空间限制，满足村民终身学习的需求。政府可以提供在线网络教育服务，实施农民职业素养提升计划，帮助培养高素质的农村劳动力。对于村民和新型农业经营主体来说，他们可以利用各种远程数字教育资源学习相关知识，提高自身的综合素养。

（四）数字技术为乡村生态优化提供有效助力

构建生态宜居乡村有助于提高农村居民的幸福感。数字技术的应用可以帮助实施绿色发展理念，持续优化乡村生态。在自然生态方面，数字技术可以监测生态环境要素，通过大数据关联分析实现乡村生态环境决策科学化和监管精准化。数字化技术还有助于迅速找到环境污染源并进行有针对性的治理。在社会生态方面，数字技术有助于建立覆盖乡村各主体的沟通网络，增

进村民之间的联系和互动交流，为构建乡村情感联结共同体提供支持。

总之，数字技术在乡村振兴过程中具有广泛的应用前景，可以推动乡村治理现代化、经济可持续发展、文化传承和生态优化。这些因数字技术的赋能而带来的积极影响，有望为乡村全面振兴提供坚实的支持和动力。

八、数字技术赋能乡村振兴的途径

（一）释放数字红利，弥合城乡"数字鸿沟"

1.筑牢发展根基，完善新一代信息基础设施

《规划》强调了推进信息网络基础设施建设的重要性，特别是农林牧渔业基础设施的智能升级。在"十四五"时期，各地应将这一指导原则视为基本准则，全面推动新型基础设施的共建和共享。对于偏远和欠发达地区，必须提供必要的技术和资金援助，以扩大数字基础设施的覆盖范围，从而通过硬件设施的升级来填补这些落后乡村地区的数字鸿沟。部分有潜力的农村地区可以考虑建设5G和物联网等新一代基础设施，以建立城乡一体化和全域共享的信息基础设施网络。此外，应当持续支持农村冷链物流等基础设施的智能化改造，提升乡村医疗和教育等领域的网络速度和稳定性，实施"5G+远程医疗"等项目。

2.坚持统筹推进，助力智慧城乡一体化发展

各地应该推动数字乡村和智慧城市的协同发展，充分发挥数字技术的扩散效应和普惠效应，实现城乡要素的双向自由流动。为实现这一目标，必须加强一体化规划，通过新型智慧城市建设引领数字乡村的发展。通过智能化和数字化手段，推动城乡生产、生活和生态三个领域的数据云对接，以加速弥合城乡数字鸿沟。有条件的小城镇可以采取试点和分阶段推进的方法，重点发展"互联网+"特色主导产业，构建"互联网+"产业生态圈，以推动周边地区的数字乡村创新发展。

3.实现个体赋能，夯实乡村振兴智力支撑

基层政府应该实施乡村数字素养提升计划，鼓励相关企业和研究机构等主体积极参与，向广大村民提供多样化的数字培训服务。此外，应该加强农业技术培训的可视化系统研发，通过建立农业技术虚拟仿真实验教学平台以及农村远程培训等方式，有针对性地开展培训工作，覆盖农业生产经营等各个领域。欠发达地区可以借鉴东部发达地区在数字技术应用方面的经验，培养新型农业经营主体队伍，发挥内生人力资源的潜力。同时，应制定引进高层次人才的策略，建立内外联动的农业人才体系，以为数字技术与乡村振兴深度融合提供人才支持。

（二）坚持多管齐下，强化涉农要素的有效供给

1.高站位的规划和布局，因地制宜绘制"作战图"

各地应当根据当地实际情况，建立符合地方实际的数字乡村建设政策体系。在面对不同的关键领域和薄弱环节时，必须确定数字乡村建设的长期和短期目标，明确实施步骤和重点任务，制定切实可行的战略规划，为数字乡村试点工作提供政策支持。在制定政策时，要综合考虑当地的数字环境、乡村特色和文化等因素，通过加强顶层设计来推动数字乡村的发展。此外，还需要引导各类要素有序流动至乡村地区，促进城乡产业、生活和生态空间的智能化和数字化发展，以构建城乡数字融合发展的新格局。

2.构建科技创新体系，促进科技与乡村振兴深度融合

一方面，要大力发展数字农业和乡村数字文旅产业。必须不断深化数字技术在农业领域的应用，促进农业大省与农机装备大省之间的对接和融合。需要加强现代农机装备产业基地的建设，特别是关注全程机械化的领域，如播种和灌溉等。同时，应推动科技与乡村文旅产业的结合发展，培育"互联网+文旅"的新业态和新场景，以实现农民增收和生态宜居的有机统一。另一方面，要完善农业科技创新成果的转化体系。可以依托各种前沿技术，建立全国统一的农业科技成果交易转化平台，构建"互联网+云农业"农业科技服务体系，推动农业科技的顺畅推广和应用。

3.加大资金投入力度，为数字乡村建设提供金融支持

各地必须持续加大对数字乡村建设的投入，通过贷款贴息、PPP等多元化方式，鼓励社会资本积极参与数字技术与乡村振兴的融合发展。需要深化数字化技术在金融领域的应用，特别是要突破信息技术在农村金融方面的技术壁垒。应支持互联网巨头企业积极参与农村数字金融，引导金融和商业资本参与数字乡村建设，建立多方合作机制，以实现政府、企业和银行的协同发展。同时，要遵循农业科技创新和数字技术创新的规律，在项目立项和经费投入等方面为创新主体提供差异化的财政支持。

（三）创新治理模式，构筑数字乡村治理网络

1.促进数据共享，持续推动数字乡村治理

应当加强高质量的数据要素供给，促进数据要素在市场中的流通，充分释放数据在经济社会数字化发展中的潜力。基层政府应因地制宜制定乡村数据标准体系建设方案，明确责任单位和保障措施等，为构建数字乡村治理网络奠定基础。对于政务管理、数字农业等领域，应明确数字乡村建设标准，建立信息共享和数据交换的监督评估机制，提高乡村治理数据资源的跨层级和跨部门可用性。同时，应完善数据安全和共享领域的法律法规，明确数字乡村治理相关主体在信息数据安全保护方面的责任，全面防范数据泄露风险。

2.数字赋能治理，构建多元主体治理格局

各地应充分利用新型数字技术，建立线上线下相结合的数字乡村治理网络，将"互联网+政（党）务服务"拓展到乡村地区，逐步实现农村居民的"不出村办事"目标。需要促进上下级政府之间的数据共享，推动市、县和乡政府的联动治理。此外，还需要依托数字技术创新优化乡村公共服务，建立覆盖城乡的数字化服务平台和数字云平台。

第三章

乡村振兴背景下农村电商发展的业态

随着互联网等信息技术的高速发展，其应用范围也在不断扩大，线上产品营销应运而生，并慢慢普及开来，极大地拉动了国内消费。为落实乡村振兴战略，越来越多的人关注农产品营销中的互联网营销，开始发展农村电商，以增加我国农村地区的农产品收入。但是，目前一些农村的农产品营销模式还不够完善，存在农产品物流效率低下、网络基础设施薄弱等一系列的问题。因此，相关人员要认真分析农村地区农产品销售模式不足的地方，并继续发扬创新精神，积极运用互联网技术，对不足之处进行优化，从而探索出有效途径。

第一节　农产品营销

一、我国农村地区农产品营销模式中存在的问题

目前，我国农村地区在农产品营销方面存在一系列的问题，具体可概括图3-1所示的几个方面。

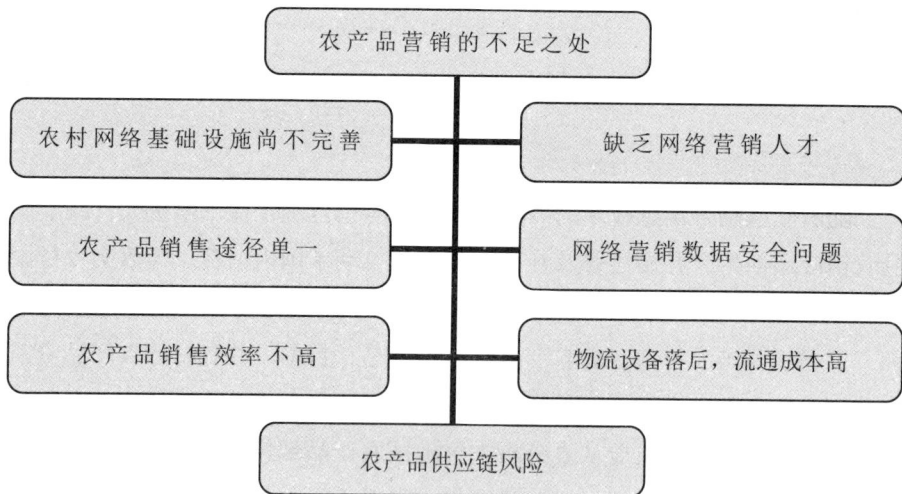

图3-1　农村地区农产品营销存在的问题

（一）农村网络基础设施尚不完善

一方面，我国农村地区互联网用户基数较小；另一方面，农村地区的网

络覆盖率低于城市。尽管我国投入大量资金优化农村网络基础设施，但一些农村地区由于过于偏远或经济过于落后，因此仍然存在网络基础设施不完善的情况，网络基础设施不足和不完善直接影响和阻碍农产品营销模式创新发展。现阶段农产品营销还必须依托线上渠道，进一步扩大信息传播范围，接触更多的消费群体。

新时代，消费者更加关注农产品的来源以及农产品是否健康、安全，但由于农村地区与消费市场相距较远，消费者很难找到农产品产地的相关信息。基于此，农产品营销模式创新发展的关键是加大农村网络技术装备建设，搭建网上公共信息平台，让消费者了解农产品信息，从而放心购买并放心食用。

（二）缺乏网络营销人才

一般来说，农村农产品生产经营者年龄较大，由于长期生活在农村，不了解新的营销理念和渠道，他们没有看到在线销售产品的经济效益。因此，大部分农产品的生产、储存和营销仍以线下为主，不愿在线上营销上投入过多，这限制了农产品及其加工业的发展。

与城市相比，农村地区由于经济与技术相对落后，所以普遍缺乏具备电子商务知识和网络营销能力强的人员，农产品营销经营者综合能力较低，农产品网络营销难以有效开展。而且，从某种程度上，受电商从业者就业观念的影响，年轻人更愿意选择相对发达的地区就业，从而影响了农村网络营销的进一步发展。

（三）农产品销售途径单一

目前，我国很多农产品的网络营销内容和网络营销方式都非常同质化，缺乏网络营销相关的创新，很容易导致网络营销节奏不好，影响农产品的销售效果。

（四）网络营销数据安全问题

数据安全问题是网络营销中的一个主要问题，也是需要首先解决的问题。农产品网络营销涉及大量的、复杂的金融交易，如果网络安全不彻底解决，很容易给企业、农民和消费者造成较大的经济损失。

（五）农产品销售效率不高

农产品的营销没有一定的标准和规则，这给农产品经销商提供了从中获取更多利益的机会。农产品流通的层层重叠，导致农产品从生产到销售到消费者手中的成本急剧上升，流通效率也低，而最终受益者只是中间商。如果能够简化农产品流通、扩大农产品销售范围，农产品的市场影响力将会进一步增强。目前，大部分农产品仍处于分散或中小规模种植，由于生产标准不一致，进入市场的农产品质量也参差不齐，导致农产品质量出现问题。生产成本和资金问题直接影响农产品的口碑和销售，也是阻碍农产品营销模式创新发展的主要因素。

（六）物流设备落后，流通成本高

农产品物流是农产品供应链中至关重要的一环，然而在中国，物流设备的滞后和流通成本的高昂仍然是一个现实问题。

（1）农产品运输损耗问题：农产品的长途运输常常导致产品的损耗和质量下降，特别是在采摘、储存和运输过程中，由于设备滞后和不足，温度、湿度和包装等方面的控制不够严格。这增加了农产品的流通成本，降低了产品的质量。因此，建议加大对冷链物流设备的投资，提高产品的保鲜度，减少损耗。

（2）运输效率问题：中国农村地区地势复杂，交通不便，这导致了农产品的运输效率低下。政府可以加强对农村交通基础设施的改善，建设更多的便捷道路和桥梁，以提高物流的运输效率。

（七）农产品供应链风险

1.自然灾害引发的农产品供应链安全风险

自然灾害是一个多方面的问题，影响着整个农产品供应链的安全性。以下是一些新的观点和建议。

（1）供应链的多地点分散：在可能受自然灾害影响的地区建立分散的供应链节点，这样可以减少某一地点受灾害影响而导致整个供应链中断的风险。这涵盖了生产、仓储、运输和销售环节。

（2）灾害风险保险：农产品供应链的各个环节可以考虑购买灾害风险保险，以减轻自然灾害带来的财务损失。这种保险可以覆盖生产损失、库存损失、运输中断等多种风险。

（3）供应链韧性建设：建立供应链的韧性，包括备用物流渠道、备用供应商、备用生产基地等。这样当主要环节受自然灾害影响时，可以快速切换到备用方案，减少中断时间。

（4）气象数据和监测：积极利用气象数据和监测系统，提前了解可能发生的自然灾害情况，以便采取预防措施和及时应对。这可以包括早期警报系统和灾害监测技术的使用。

（5）农产品多样性：推广多样化的农产品生产，减少对特定农产品的依赖。这有助于农民和供应链参与者在某一品种受自然灾害影响时有其他替代选择。

（6）可持续农业实践：采用可持续农业实践，包括抗旱作物、防洪措施、水资源管理等，以减少自然灾害对农业的不利影响。

（7）政府支持和合作：政府可以提供支持，包括应急资金、基础设施建设、风险管理政策等，以帮助供应链各环节更好地应对自然灾害。

通过这些措施的综合运用，农产品供应链可以更好地应对自然灾害带来的挑战，降低风险，确保安全供应，同时提高农产品供应链的韧性。

2.动物疫情造成的农产品供应链安全风险

（1）供应链多元化：多元化供应链是减轻动物疫情风险的关键。农产品供应链应该考虑多个地理位置和不同供应商，以确保在一个地区受到动物疫

情影响时，可以从其他地区获得供应。

（2）应急预案：建立完善的应急预案，包括在动物疫情暴发时采取的措施，以确保供应链的连续性。这些计划应包括如何处理可能受到感染的动物、如何清洁和消毒设施、如何隔离可能感染的区域等。

（3）数字化跟踪：使用数字化技术，如区块链或物联网传感器，来跟踪动物的健康和移动。这有助于快速检测和隔离受感染的动物，减少疫情传播的风险。

（4）应对人员不足：制订计划来应对养殖场和屠宰厂因员工隔离或生病而导致的人员不足问题。这可以包括培训替代劳动力、提前制订工作计划以确保关键任务的执行等。

（5）国际合作：积极参与国际合作，特别是在动物疫情暴发的跨国情况下。共享信息和经验，协作制定跨境动物疫情控制措施，有助于减少疫情传播风险。

（6）供应链透明度：提高供应链透明度，包括追踪动物的来源、养殖条件和健康状况。这有助于及早识别潜在的风险并采取必要措施。

（7）消费者教育：加强消费者教育，使他们了解供应链的安全性和动物疫情对产品的潜在影响。这可以帮助消费者做出明智的购买决策，同时提高对农产品供应链的信任。

通过综合考虑这些建议，政府和相关部门可以更好地预防和管理动物疫情引发的农产品供应链安全风险，确保农产品供应的可靠性和安全性。

3.公共卫生事件造成的农产品供应链安全风险

（1）预防措施：强调预防措施对农产品供应链的重要性。这包括定期检查农场和养殖场，确保卫生和安全标准得到遵守，以减少公共卫生事件的潜在影响。

（2）信息共享：建立公共卫生事件与农产品供应链之间的信息共享机制。这有助于各个环节的参与者更早地了解事件的发展，采取必要的措施。

（3）库存管理：加强库存管理，确保有足够的储备以满足可能出现的需求波动。这有助于缓解供应链的不稳定性。

（4）强化消费者教育：提高消费者的意识，使他们了解安全烹饪和食品

处理实践，以减少公共卫生事件对食品安全的影响。

（5）政府应对措施：政府可以制定紧急应对措施，如确保农产品的安全和追溯性，同时协助受影响的农业生产者恢复生产。

（6）国际协作：加强国际合作，分享有关公共卫生事件和农产品供应链的信息和最佳实践。这可以提高协调和应对能力。

通过采取这些额外的措施，政府和相关部门可以更好地应对公共卫生事件对农产品供应链安全的风险，确保农产品供应链的稳定性和可靠性。

4.社会安全事件引发的供应链安全风险

（1）政府合作：企业可以积极与政府和地方当局合作，共同制订和实施社会安全事件应对计划。政府可以提供支持和保护，确保供应链的稳定性。

（2）紧急储备：建立紧急储备库存，以便在社会安全事件发生时，可以快速供应农产品。这有助于确保农产品的连续供应，即使在危机期间也能够满足需求。

（3）风险保险：考虑购买适当的风险保险，以应对社会安全事件可能带来的损失。这可以降低企业的潜在风险。

（4）供应链可持续性：将供应链可持续性纳入企业战略，包括考虑社会安全事件的影响。这可以帮助企业更好地应对和恢复供应链。

（5）人员安全：确保员工的安全，特别是在容易受到社会安全事件影响的地区。培训员工，制订安全计划，并提供必要的支持和资源。

（6）供应链透明度：提高供应链透明度，了解从原产地到最终用户的产品流动情况。这有助于更好地监控和管理供应链中的风险。

通过采取这些额外的措施，企业可以更好地应对社会安全事件对农产品供应链安全的风险，确保供应链的稳定性和弹性。

5.物流阻塞造成的农产品供应链安全风险

（1）即时应对措施：制订应急计划，以应对突发的物流阻塞情况。这包括预留额外的库存、提前联系备用供应商和物流渠道，以及培训团队以快速处理问题。

（2）供应链可视化：采用供应链可视化工具和技术，以实时跟踪物流过

程，帮助识别潜在的物流阻塞点，并采取预防措施。

（3）紧急通信渠道：确保建立紧急通信渠道，使供应商、物流伙伴和客户可以快速获得关键信息。这包括紧急联系人和危机响应团队的设立。

（4）供应链合规性：确保企业的供应链合规性，包括遵守国际贸易法规、运输安全法规等。这有助于减少物流阻塞的法律和法规风险。

（5）气候变化适应性：考虑气候变化和自然灾害的可能影响，制定应对策略，如投资于气象监测、防洪设施等，以减轻气候相关的物流阻塞。

（6）员工培训：培训员工以提高他们在应对物流阻塞时的反应速度和质量。员工了解应急程序和协作方式非常重要。

通过这些额外的建议，企业可以更好地应对和减轻物流阻塞对农产品供应链安全的风险，确保供应链的灵活性和韧性。

6.网络崩溃造成的农产品供应链安全风险

（1）供应链数字化转型：推动供应链数字化转型，包括使用云计算、物联网（IoT）、区块链等技术，以提高供应链的透明度和实时性。这有助于减轻网络崩溃对供应链的影响，因为数据和信息可以更加分散和可靠地存储。

（2）备用通信渠道：建立备用通信渠道，如备用互联网连接、卫星通信或无线通信，以应对网络崩溃时的紧急情况。这些备用通信渠道可以在主要网络中断时提供关键信息的传递。

（3）供应链智能预测：利用人工智能和大数据分析，预测可能导致网络崩溃的风险因素，如网络拥塞、安全漏洞等，以便提前采取措施减轻潜在风险。

（4）员工培训和应急计划：培训员工以应对网络崩溃时的紧急情况，包括数据备份和恢复、紧急沟通和供应链调整等方面的培训。建立详细的应急计划，以指导员工在网络崩溃时的操作。

（5）供应商风险管理：对供应链中的关键供应商进行风险评估，并要求他们建立类似的网络崩溃备用计划。这可以确保整个供应链在网络问题发生时更具韧性。

7.金融危机造成的农产品供应链安全风险

（1）风险管理与多元化：农产品供应链参与者应建立更全面的风险管理

策略，包括多元化投资组合，以分散金融危机带来的投资风险。同时，应考虑使用金融工具如期货合约来锁定价格，减轻价格波动风险。

（2）国际市场多元化：农产品出口国应积极寻求多元化的国际市场，减少对某一市场的依赖，以降低金融危机对单一市场的影响。

（3）应急资金储备：农产品供应链参与者可以建立应急资金储备，以便在金融危机期间应对资金紧缺问题。这可以包括节省和合理管理现金流以及与金融机构建立备用融资计划。

（4）政府政策支持：政府可以制定针对农产品供应链的政策，包括提供贷款担保、降低融资成本、推动农产品贸易等政策，以减轻金融危机对供应链的冲击。

（5）市场信息共享：建立行业组织或平台，促进供应链参与者之间的信息共享，及时了解市场情况和趋势，以更好地应对金融危机带来的不确定性。

（6）绿色金融与可持续投资：鼓励绿色金融和可持续投资，以支持农业生产的可持续性和抵御金融危机对环境造成的负面影响。

（7）政府战略储备：政府可以建立农产品战略储备，以稳定市场价格和供应，确保在金融危机期间不会出现过度波动。

通过这些额外的建议，农产品供应链参与者可以更好地准备和应对金融危机对供应链安全的潜在风险，确保供应链的稳定性和可持续性。这些措施是根据金融危机的特点和挑战而提出的，可以有针对性地应对金融危机可能带来的问题。

二、乡村振兴背景下农产品营销模式创新发展的必要性和重要性

（一）有效解决当前农产品营销问题

在农产品营销中，农产品的营销渠道是连接农民、农产品、生产加工公

司和消费者之间的桥梁。农产品必须依靠一定的营销方式才能实现农产品向金钱的转化。就我国目前的交易体系而言，大部分农产品都要经过多个环节才能到达消费者手中，所以农产品的流通效率比较低，并且在流通过程中也可能会出现一些问题，产生一些损耗。

在乡村振兴的背景下，农产品营销应以农产品流通为基础。由于农产品和其他产品相比具有一定的独特性，如存储问题、保鲜问题，所以其他产品的流通方式不一定适用于农产品。目前，许多农产品的流通方式和网络营销方式仍在开发和研究中。近年来，农产品线上销售方式受到越来越多的消费者的欢迎与支持，农产品网络销量持续增长。

随着互联网技术的日新月异，网络平台上的农产品销售应更加深入、细分，促进农产品流通，当然，在追求销量的同时也不要忘记保证农产品的质量与特色。

（二）迎合新消费环境和满足消费者新需求

互联网已经渗透到很多领域，潜移默化地影响着人类生活的方方面面。随着近年来线上产品销售的快速发展，移动端和客户端都将成为未来农产品营销最重要的发展方向。不过，与服务业等其他产业相比，农产品网络营销的发展速度相对还比较缓慢，其他领域、其他产品的网络营销的经验值得农产品营销学习和借鉴。

农村振兴背景下农产品营销模式的发展应根据消费者和市场的需求灵活改变。农产品信息传播、市场拓展、广告宣传等都影响着农产品交易。基本上，所有商品行业的市场模式都渗透着"花钱+省钱"和"花钱+赚钱"的思维，为投资者提供了省钱和赚钱的机会和平台。基于这一理念，各种营销方式根据时代需要应运而生，反映了不同层次的消费者心理和消费习惯，帮助挖掘更多消费群体。

网络营销（图3-2、图3-3）是利用一定的网络媒体宣传产品、推广产品活动的过程。虽然无法清楚地了解借助网络营销转化为经济利润的具体情况，但从各行业的网络营销投入来看，网络营销是有一定价值的。因此，农产品营销模式的发展和创新必须顺应时代的发展，在了解消费者需求、心理

和消费习惯的基础上，将网络营销模式融入农产品营销领域。

图3-2 通过网络进行农产品销售（1）

图3-3 通过网络进行农产品销售（2）

（三）提升农产品附加值的现实需求

人们的生存和发展离不开农产品。消费者购买农产品的价格并不低，有些农产品的价格甚至远超产品本身价格，然而农产品的种植者——农民的收入却相对较低。究其原因，主要是因为中间商层层加价，导致农产品价格上涨了数倍，消费者的购买价格很高，但真的到农民手里的钱很少。对于农民来说，"互联网+三农"最大的优势在于可以直接促进农民与消费者的沟通，消除中间商的炒作与赚取差价的环节，让消费者买到便宜质量又好的产品的同时，农民收入也可以得到保障。

以河南商丘的黑芝麻为例。河南商丘生产黑芝麻较多，但是黑芝麻的种植者——农民的收入却一直没什么提高。于是，该地区一些企业另辟蹊径，以黑芝麻为原料，制作芝麻油（图3-4）、黑芝麻糊（图3-5）、黑芝麻汤圆等黑芝麻产品，然后将这些产品出售给消费者。一方面，黑芝麻的附加值提高了，农民收入更有保障；另一方面，消费者可以直接以低价买到"正宗"农产品。

图3-4　芝麻油

图3-5　黑芝麻糊

三、乡村振兴背景下农产品营销模式创新发展的路径

（一）培养更具专业性的人才

要想创新、优化农产品的经营模式，首先就要重视对农产品生产者、农产品经营者等相关人员的培养，提高农业生产经营者的能力和效率，提高相关人员的工作水平，着力培养"新农民"。寻找农村最优秀、最努力、能吃苦的人才，让这些人才成为新技术农场推广使用的带头人，提高农民的常识和技能，做好农民培训和扶持工作。

在重视经验传授的同时，还要重视包括专业农业技术在内的教育，定期在农村地区举办农产品和农业科技讲座，加强和鼓励农民，从而帮助他们更

好地学习到相关技能和经验，提高工作效率。

推广线上农产品经营理念。有关组织要大力宣传农产品网络营销理念，组织专业走访，向农村群众展示农产品网络营销知识，让他们了解农产品网络营销的好处并提供帮助。同时，通过建立官方网站和信息平台，向农民提供在线服务和信息。

地方政府可以定期派出农业专家等相关工作者下乡帮助农民。同时，要充分发挥农村农产品规模化生产经营的重要作用，利用互联网平台传播重要信息，建立一支合格的农产品生产、销售队伍。政府部门要制定适应市场需求的人才培养方案，吸引优秀的、具有专业技能的毕业生参与进来，并对这些人员进行适当补贴等，这样不仅可以提高农村人才素质，还可以吸引更多专业人才到农村工作。

（二）做好网络基础建设

如今，通过网络平台进行营销、售卖已经逐渐成了我国农产品的重要营销方式之一，并且支撑着我国农业的进一步发展。相信在未来，随着互联网技术的越来越普及，通过网络平台进行营销、售卖的方式也会越来越受到欢迎。那么，这里就涉及一个重要问题，那就是网络基础设施建设问题。网络基础设施是基础，也是关键。政府机构应重点关注网络基础设施在农产品营销中的作用，增加资本投入。推动金融机构、通信企业、电子商务企业、流通企业等对农村地区进行支持与帮助，认真做好农村地区网络基础设施建设工作。

目前，农村电商仍处于发展初期。此外，农产品存在运输破损、储存困难、保质期短等情况。因此，政府机构必须发挥自己的作用，如制定惠民政策，鼓励农产品推广，对积极利用电子商务平台、做好农村基础设施建设的企业提供金融支持，促进电子商务发展。农民也要积极利用电商平台分享农业信息、推广农产品。

（三）更新物流设备，降低流通成本

农产品网络营销有赖于现代农产品物流配送体系的支撑。如果农产品的

物流配送不好，就很难把好的农产品送到消费者手中。因此，农产品运输是农产品网络销售中非常重要的一环。由于农产品的特殊性，涉及存储、保鲜等问题，有些农产品易腐烂，保质期短，对包装、运输、储存要求较高。所以，运输仍然是农产品网络营销中需要解决的一大难题。政府要加大交通运输投入，支持和推进农村冷藏设施建设，从而保证农产品的新鲜。有一些偏远地区或经济落后的地区，交通较差，物流企业要勇于面对挑战，可以与不同组织合作，形成业务联盟，共享信息，在合作中提高物流速度和农产品的交付质量。具体方法有如下所示几点。

（1）信息技术的应用：引入信息技术，如物联网、大数据等，可以实现对农产品流通过程的实时监测和管理。这将有助于降低流通成本，减少损耗，提高流通效率。同时，也可以提供农产品的追溯体系，提高食品安全保障。

（2）培训和合作：提供培训和支持小农户组成合作社和农业合作组织，以提高他们在流通环节中的组织和管理能力。合作社可以共同采购农产品物流设备，降低成本，提高效率，增加谈判能力，获得更好的价格。

（3）政策支持：政府可以出台政策，鼓励农产品物流设备的更新和升级，提供贷款、税收优惠等支持措施，以降低企业投资的成本，改善物流设备。

通过采取这些措施，可以逐步解决物流设备滞后和流通成本高的问题，提高农产品的流通效率和质量，降低农产品流通成本，进一步推动农产品供应链的可持续发展，增加农民的收入，促进农村地区的经济发展。

随着互联网技术的不断发展和进步，网络营销逐渐成为许多领域销售产品的重要方式。时代在改变，消费者的需求和消费策略也在发生变化，所以农产品的商业模式也要根据时代的需要不断发展与演变。只有提高农业生产经营者的素质和能力，才能将互联网与农产品连接起来，利用互联网新时代的机遇，提高农产品的竞争力。

（四）规范农产品配送体系

农产品的配送体系不规范问题是一个影响农产品流通和质量的重要因素。以下是一些新的思考和建议。

（1）建立全程质量控制体系：不仅仅要制定农产品质量标准，还需要建立全程质量控制体系，包括生产、采摘、包装、运输、储存等各个环节。通过监控和记录每个环节的质量数据，可以实现全程质量可追溯，确保产品的品质和安全。

（2）推动农产品电商平台：鼓励发展农产品电商平台，让农民和消费者之间能够更直接地交流和合作。这将提高信息透明度，减少中间环节，降低成本，同时促进农产品的品牌建设。

（3）优化物流网络：除了冷链物流设施，还应投资于优化农产品物流网络。这包括改善道路、铁路、港口等基础设施，提高运输效率，降低成本，减少货物滞留。

（4）鼓励合作社和农产品产销社：政府可以提供支持，促进农民组建合作社和农产品产销社。这将帮助优化农产品的配送链条，集中资源，提高农产品流通的效率和质量。

（5）加强从业者培训：提高农产品配送从业人员的专业素质和技能水平，包括冷链物流操作、质量控制、信息管理等方面的培训。这将有助于提高整个配送体系的专业化水平。

（6）建立农产品品牌认证制度：引入农产品品牌认证制度，对符合标准的农产品进行认证，提高产品的知名度和信誉度。这有助于消费者更容易识别和信任高质量的农产品。

通过采取这些综合性的措施，可以逐步改善农产品配送体系，提高产品的品质、安全性和流通效率，进一步促进农产品供应链的发展，使农产品更顺畅地流向市场，增加农民收入，提高农村地区的经济繁荣。

（五）完善营销系统

农产品营销包括生产系统、品牌系统以及销售服务系统，这三个方面是相互关联、相互促进的，每一个方面都非常重要，不容忽视。

1.改进生产工艺

无论是哪个时代，生产好的农产品始终是销售的基础。营销工作做得再

好，如果产品质量靠不住，那么也无法在市场上立足。因此，农业企业必须保证农产品的质量，不断改善农产品的生产环境和技术，在提高农产品质量的同时努力增加农产品产量和规模，从而增加农产品销售收入。同时，参与企业要建设智能化、现代化农业质量体系，严格把控农产品质量，防止不良产品流入市场。

2.树立产品品牌

创造好的农产品一直是许多农产品企业的成长之路。只有发挥出产品优势，企业的经营才会有所提升，所以将农产品品牌建设纳入发展战略是十分必要的。农产品企业需要精心设计农产品的品牌标志，打造优质农产品，塑造良好的农产品企业形象，不断提高农产品本身的知名度和影响力，做好产品安全和用户推荐，从而实现农产品企业的长远发展。

打造农产品品牌，要重视以下几个方面。

第一，提高农产品品牌意识。要想提高农产品品牌意识，方法之一是多进行品牌宣传与推广，如进行定期广告、张贴宣传标语等，宣传农产品企业的品牌。

第二，搞好农产品质量。借助当今的大数据、物联网和云计算技术，可以实现对农产品的追根溯源，买家可以了解更多的信息，实现农产品从种植到包装全过程透明化，不仅让消费者满意，也能进一步确保农产品的质量和安全，这可以有效突出品牌与非品牌之间的差别，从而大力发展农产品品牌。

第三，做好农产品包装管理，了解农产品市场，识别客户需求，并根据不同客户的实际需求提供相应的服务。

3.改进销售服务系统

销售服务贯穿农产品在线销售的全过程，销售服务方便用户了解农产品以及购买农产品，其服务质量的好坏直接关系到农产品的销售数量以及客户的购买体验。涉农企业必须建立专业的销售服务部门，选拔有耐心的、有热情的、专业的员工为顾客提供服务，解决用户售前、售中、售后的一切疑问，提高客户满意度。

（六）加强网络营销安全监管

线上农产品营销模式是互联网时代背景下农产品营销发展和创新的重要方式，对于提高农产品营销经济效益十分重要。农产品网络营销方式虽然有很多优点，但是它也并不是百利而无一害的，它涉及的最大的问题便是网络安全问题。网络营销安全关系到企业、农民、消费者等群体的切身利益。因此，相关人员必须做好网络营销安全的防控工作。一方面，相关涉农企业要重视网络营销安全工作，建立完善的网络营销安全防控体系，积极推广先进的网络营销安全防控技术，建立网络防火墙并邀请专家做好网络营销安全防控工作，定期进行检查。另一方面，政府相关部门要发挥好监管作用，颁布和完善网络营销安全相关法律政策，加大对威胁网络营销安全行为的打击力度，全面净化网络营销环境，保障网络营销安全。

（七）优化农产品营销方式

互联网时代，各种各样的营销方式不断涌现，层出不穷。为了取得良好的营销成果，相关业务人员应不断改进和创新营销方式，从而满足客户的个性化购物需求。

农业企业应做好市场调研，根据客户反馈用心打造促销的内容，利用互联网平台、新媒体等传播工具进行宣传，从而吸引更多的互联网用户。同时，农业企业要遵循营销的相关政策与规则，了解农产品市场情况，根据实际情况及时调整农产品营销内容，制订相应的网络推广计划，从而提高网络营销的效果。例如，农场可以定期在网上商店和APP中发放优惠券，定期开展抽奖活动来吸引顾客，或者为购买者提供免费的优惠券。

第二节　农资电商

农资电商是指通过网络平台向农村销售种子、化肥、农药等农业生产资料。农资消费的刚性和季节性决定了农资市场是一个极具潜力的市场。与此同时，越来越多的新型农业经营主体不断涌现，在此形势下，"互联网+农资"成为农资行业生存的必然选择。

一、农资电商分析

我国传统农资流通中，中介机构较多，农资产品往往要经过多次分销才能从生产者转到农民的手中，因此产品价格相对较高。农资电商平台充分利用互联网信息技术，整合农资资源，实现农资供应商、经销商、农户有机结合，降低农产品流通成本。

二、农资电商市场格局

（一）综合电商平台涉足农资

这种模式以阿里巴巴、京东为代表。淘宝推出农资频道，包括种子、农药、化肥等农资，致力于改造农资行业多级经销商层层加价的模式。与此同

时，京东也正式宣布进军农资电商市场。京东出售的种子以京东"人仓式"方式独立运营。

（二）垂直型农资电商平台兴起

此类电商平台是农资电商的代表模式，专注于农资领域，目标客户明确，可以进行同类产品之间的比价、产品比较等功能。其典型代表是云农场、一亩田。

（三）老牌农资企业转型电商

面对电商浪潮，不少传统农业企业积极采取措施，凭借现有的成熟的物流体系、品牌美誉度、服务体系以及对农业行业的长期了解，利用电子商务对已有的生产销售业务进行更新、升级。例如，中化集团、史丹利、新希望等农资企业纷纷进入农资电商领域。

（四）农资电子贸易逐渐普及

农资行业的特点是农资产品的使用需要复杂的技术与方法，产品的效果受环境因素和技术影响较大，需要售前和售后服务的支持。与上述主要销售产品的电商平台不同，农业电商主要提供服务，特别是以移动信息服务终端的形式，满足客户的需求。

三、农资电商存在的问题

目前，农产品在线电商平台才发展几年，还处于研究阶段。尽管许多商业模式仍在不断涌现，但在扩张方面仍没有明显的变化，农产品电商平台的效益和优势仍不明确，多数企业继续保持观望态度。农产品在网络电商平台

上的市场份额也有限，农业电商巨头尚未出现，传统农产品销售模式依然难以撼动。此外，谁来主导农产品电商平台的发展，业界仍在争论：一方面，农资企业对互联网的运用不够得心应手；另一方面，互联网企业往往缺少农产品相关的经验，传统农业企业与互联网企业的合作尚未出现。总体来看，农产品电子商务仍处于发展初期，主要存在以下四个问题。

（一）物流基础设施仍是农产品电商平台发展的重要制约因素

农产品季节性明显，对物流配送要求很高。农产品通常体积大、重且价格便宜，而传统物流运输往往使用计重收费方式，这就增加了较高的配送成本。另外，有些农药有毒，含有有毒的化学物质，在运输过程中需要使用专用设备，这也给配送造成了较大的困难。此外，农村地区运输业不够发达，运输设施也不够完善，物流成本仍然较高。

（二）假货问题困扰农资电商平台发展

由于部分农产品质量不高、农产品保养不够、农民对假冒伪劣产品识别能力不强，市场上的农产品始终是假冒伪劣产品最常出现的地方。假货问题也多次被报道出来。

（三）农资电商产品整合难

农资产品包含种子、化肥、农用机械等一系列与农业生产有关的产品，而这些农资产品的生产厂商众多，产品质量参差不齐。而且，每个农资产品的生产厂商都有自己的销售渠道，无法保证农资生产企业会将好产品拿到电商平台上销售。如何整合农资生产企业的产品和筛选高质量的农资产品，成为提升农资电商平台信誉的关键点。同时，平台不仅要整合农资产品，还要兼顾线下服务，如何将线上销售与线下服务完美融合也是重要因素之一。

（四）电子产品与农产品融合难度大

农产品包括种子、化肥、农机等，农产品公司很多，产品质量参差不齐。此外，每个农业厂商都有自己的销售方式与销售渠道，并不能保证在电商平台上销售的是正品。如何整合合适的农资生产企业与筛选高质量的农产品是十分重要的。同时，平台不仅要整合农业信息和产品，如何整合线上、线下服务，实现线上销售和线下服务完美融合也非常重要。

四、促进农资电商发展的措施和建议

（一）建立县村一体的物流配送体系

一是建立以县城为中心的物资转运中心。供应商将产品运送到县级中转站，再由区级中转站运送到村级中转站。整合传统农资经销商线下资源，积极鼓励了解农资产品储运方式的农资经销商、零售商加入中转站。二是在乡镇或村设立固定中转点。

（二）逐步完善农资电商平台农业技术服务

应逐步升级电商平台的农业大数据，提供农作物种植、重大病虫害预警等服务。要加快电子商务平台农业技术服务专业队伍建设，尽快为客户提供优质高效服务。此外，必须提高电商平台农产品卖家的专业知识，其专业水平直接体现了平台的专业水平。

（三）严格把控供货渠道，建立产品溯源机制

加强对农资生产企业的监督与管理，防止生产、销售假冒伪劣产品的厂家进入电商平台。实行农资二维码溯源系统，从源头保证农产品质量。建立

假冒伪劣商品优先赔偿机制，一旦电商平台出现假冒伪劣商品，将第一时间对顾客进行赔偿。制定严厉的处罚措施，生产商在电商平台销售假冒伪劣产品后，必须尽快解决，对违反合同的行为，相关管理部门将对其依照规定进行严格处罚。

第三节　农村金融

一、金融服务乡村振兴相关理论

（一）农村贫困形成理论

1.农村投入资本缺乏

在我国农村地区基础设施不完善、人口素质普遍较低等因素使农村地区缺少资本的支持，从而导致产业发展落后，农村地区缺乏工作机会导致大量农村剩余劳动力涌入城市，出现农村"空心化"的现象。

加强农村资本投入可以改善农村产业链，促进农村经济增长，增加就业机会，减少农村贫困人口。纳尔逊"低水平均衡陷阱"理论认为，经济落后地区发展的主要障碍是资本的稀缺中。因此，要缩小贫富差距就必须加大对欠发达地区的金融支持力度，加快基础设施建设，提高农民生活水平，实现农业现代化。只有加强对农村地区大规模投资，从而加快农业产出，才能跳出"低水平均衡陷阱"，并最终实现减贫。这也为加大资本投入、发展农村金融奠定了理论依据。根据表3-1所示：尽管金融机构涉农贷款逐年在增长，从2011年的14.6万亿元增长到2021年的43.21万亿元，但是涉农贷款和农村贷款占金融机构总贷款的比例基本上呈逐年下降的趋势，涉农贷款占比从2011年的25.09%下降到2021年的22.42%，达到近十年增长比例最低点。农

村贷款占比从2011年的20.87%下降到2021年的18.76%，尤其是在2020年占比最低为18.68%，由此可以看出，金融机构为农村农业农户提供的资金支持有限，支持乡村振兴战略的力度不够。

表3—1　2011—2021年金融机构本外币涉农贷款余额情况

（单位：万亿元）

年份	总贷款	涉农贷款	占比%	农村贷款	占比%	农户贷款	占比%
2011	58.19	14.60	25.09	12.15	20.87	3.10	21.23
2012	67.29	17.63	26.20	14.54	21.61	3.62	20.53
2013	76.63	20.89	27.26	17.29	22.56	4.50	21.54
2014	86.79	23.60	27.19	19.44	22.40	5.36	22.71
2015	99.35	26.35	26.52	21.61	21.75	6.15	23.34
2016	112.06	28.23	25.19	23.00	20.53	7.08	25.08
2017	125.61	30.95	24.64	25.10	19.98	8.11	26.20
2018	141.75	32.68	23.05	26.64	18.79	9.23	28.24
2019	153.11	35.19	22.98	28.84	18.84	10.34	29.38
2020	172.75	38.95	22.55	32.27	18.68	11.81	30.32
2021	192.69	43.21	22.42	36.15	18.76	13.47	31.17

（注：资料数据来源于中国人民银行）

2.农村资源配置不平衡

资源配置对于任何部门行业的发展都极为重要，对农业部门也是如此。我国农村发展从资源配置的角度来说，它存在许多突出的问题。农村土地、劳动力、卫生、教育等资源配置失衡，大幅度向城市倾斜，影响着农村的可持续发展。城市迅速繁荣，城乡差距越来越大，城乡二元化结构形成。如表3-2所示：2022年一季度城镇居民人均可支配收入13832元，比上年名义增长了5.4%，而农村人均可支配收入仅有5778元，但名义增长率较上年增加了7%；同一时期城镇居民的人均消费支出为7924元，名义增长率较上年

增长了5.7%，而农村人均消费支出仅为43881元，名义增长率较上年增长了
8.6%。可以看出虽然乡村居民收支与城镇居民收支还存在较大差距，但是
乡村名义增长率却高于城市名义增长率。实施乡村振兴战略，促进各种资源
要素流向农村，减少农村贫困人口，采取措施增强农村人口参与经济建设、
社会管理的积极性，同时把农村土地、劳动力、人才等资源合理综合利用起
来。加快推动农村经济发展，促进城乡经济一体化，缩小城乡发展不均衡、
不充分现状。

表3-2　2022年一季度城乡居民收支主要数据

（单位：元）

指标	绝对量	比上年名义增长%
城镇居民人均可支配收入	13832	5.4
工资性收入	8395	5.7
经营净收入	1658	4.8
财产净收入	1495	4.9
转移净收入	2283	5.3
城镇居民人均消费支出	7924	5.7
食品烟酒	2514	4.0
衣着	565	1.5
居住	1879	5.4
生活用品及服务	434	3.9
交通通信	957	12.1
教育文化娱乐	727	3.0
医疗保健	632	7.7
其他用品及服务	216	15.5
农村居民人均可支配收入	5778	7.0
工资性收入	2566	7.3

续表

指标	绝对量	比上年名义增长%
经营净收入	1830	6.2
财产净收入	165	8.4
转移净收入	1217	7.6
农村居民人均消费支出	4388	8.6
食品烟酒	1520	4.8
衣着	306	7.7
居住	854	8.7
生活用品及服务	253	6.0
交通通信	575	13.1
教育文化娱乐	395	15.9
医疗保健	392	11.1
其他用品及服务	93	9.6

（注：数据来源于国家统计局）

3.农村人口教育的缺乏及贫困代际传播广泛

农村教育文化支出远低于城市，这说明我国农村地区教育水平相对较低。解决贫困代际传播最重要的手段是加强贫困地区的教育，提高贫困家庭中家长的教育文化水平和对教育的重视程度，使父母认识到教育的意义，从而加强对后代教育的重视程度。这就需要各级政府充分发挥作用，积极鼓励和引导社会力量为贫困地区学生的教育提供资金支持，同时国家教育经费要着重用于贫困地区的基础教育和职业教育，加大力度制定贫困地区就业支持政策的力度，为贫困家庭子女提供更多的就业机会。

（二）农村金融服务乡村振兴机制

农村金融是乡村振兴的关键。乡村振兴主要有两个机制：一是通过创新

农村金融产品和服务，满足农村经济发展需要，促进农业发展，使农民收入增加；二是直接向农村贫困人口发放资金，支持农业产业和农村教育发展、改善农村人口总体生活质量、促进农村地区就业创业等。农村市场属于垄断竞争市场，比较容易造成信息不对称和市场失灵，从而影响金融市场的正常运行。政府应加强宏观调控，深化农村金融体系改革，加大对乡村振兴的金融支持，发展乡村产业，能够有效提高农村金融市场规模和效率。农村财政投入不足，面对农村巨大的资金需求，仅仅依靠财政支出显然是不够的，这很容易导致预算赤字。因此，完善农村金融市场，为乡村振兴提供强有力的金融支持，是解决农村资金短缺的最重要途径。

二、农村金融高质量服务乡村振兴存在的问题

（一）农村金融规模小，难以满足乡村振兴的资金需求

目前，我国向"三农"提供贷款的金融机构主要包括四大银行、农村信用社、农村商业银行、邮储银行以及其他小型民间金融机构。其中，农村信用社占比最大，占27.5%，其次是邮储银行，占24.7%。但农业银行、建设银行等大型金融机构涉农贷款占比较小，对乡村振兴的作用有限。农村信用社是农村金融机构的重要组成部分。农村经济和金融在逐步发展的过程中，其规模和范围不断扩大。到2020年末，农村信用社金融机构数量为75165个。但与大型金融机构相比，以农村信用社为主的农村金融机构规模普遍较小，而且技术不发达，缺乏人才资源储备和市场竞争力。

（二）农村金融缺乏风险分担机制

目前，我国农村地区仍实行传统的信贷服务，尚未建立充分的风险防控机制，在风险面前，所有风险均由金融机构自行承担，增加了农村信用贷款的不确定性。为了防控风险、追求更高的经济利润，农村金融在乡村振兴过

程中不会主动创新，而是会固守传统的储蓄贷款业务。当然，不少地区也建立了新的风险防控体系来鼓励金融机构发展业务，加强对农村的金融支持。同时，政府也出台了相应措施，缓解农村金融机构的忧虑，利用财政资源为农村金融机构提供风险补偿资金，这一动作对于金融机构来说是利好。不过，政府资金和风险补偿能力也有限。此外，这种现象更容易造成金融机构相互串通，骗取政府风险补偿，造成农村金融市场混乱，增加政府财政压力，增加农村金融市场监管难度。

（三）农村金融产品服务同质化，网点渠道少

由于农村经济落后，缺乏适当的金融机制和专业人才，加之农村金融管理方法和经营理念落后，缺乏竞争和创新激励机制，创新能力严重低下且同质化。农村信用社和城镇银行在服务农村的金融机构中占据主导地位，但尚未充分发挥出各自的优势或是制定出差异化战略。在选择客户时，他们主要关注农村精英和知名干部。公司创新产品不多，产品品类单一。同时，由于农村居民居住不集中，商业网点相对分散。例如，农村信用社采用"一村一点"的模式。并且，金融机构间经济合作不紧密，协调发展困难。

（四）农村缺乏完善的金融体系

农村金融体系在长期发展中逐步积累经验，初步形成多种金融业态协调发展的农村金融体系，但是还不够完善，缺乏相关的法律和监管保障。农村金融机构的业务范围主要集中在农村地区，这些地区经济水平落后，基础设施不完善，生活质量低，不利于金融技术人才的引进。同时，农村商业银行规模较小，技术设备资金投入有限，常用设备陈旧，系统运行效率低，工作效率低。同时，各农村金融机构独立运作，缺乏系统、一致的标准，限制了农村金融机构之间的合作。农村金融体系不发达，不能满足乡村振兴战略的经济增长要求。可见，我国农村金融体系必须进一步优化。

三、农村金融高质量服务乡村振兴战略的措施

（一）完善农村金融管理体制服务乡村振兴战略

1.强化农村金融政策性职能，支持乡村建设

充分发挥金融机构尤其是农村政策性金融机构的帮扶、调控作用，积极构建现代化的农业生产、经营体系。支持农村企业发展，支持新兴企业创办，加大对农业效益较好的企业的支持力度，适当调整财政政策，加大对农村的发展投入，支持农业创新发展，吸引外资投资农业，从而促进农村经济的繁荣发展。

2.加强金融机构在乡村振兴战略中的支农职能

现在，我国农村金融改革已进入重要阶段，要完善农村金融制度，让发展更加有效。但由于体制机制原因，农村金融机构还存在不少问题。随着国家加大对"三农"的投入，农村金融改革势在必行。政府要帮助当地龙头企业发挥出其在农业现代化中的重要作用。

3.坚持把解决"三农"问题作为工作的重心

"三农"是关系国家经济和人民生活的重要问题。我国现代农业面临巨大困难和挑战。农村金融作为现代金融体系的重要组成部分，在实现现代化农业发展中发挥着重要作用。如今，农业金融作为国家乡村振兴的一部分，其应该转变策略，把重点放在解决"三农"问题上，把增加农民收入当作起点与落脚点。农村金融要想促进农业产业发展还要以乡村资源为导向，同时要注意保护农民权益。

（二）发挥农村信贷担保支农作用

（1）建立和发展风险共担、利益共担的农村金融机制：借助国家财政支持，打造专门的农业担保机制，多渠道增收，向农民放贷，解决农民贷款

问题。

（2）采取联保的方式：农民和涉农企业可以强强联手，风险共担、利益共享、责任共担，让借贷双方都能取得良好的效果，并明确各方责任。

（3）完善贷款流程，扩大担保范围：按合同办理大米、农产品、牲畜等，建立健全国内价格管制，积极寻求知识、收入转移等利益。

（三）发展农村保险业务助推乡村振兴

我国农业产业当前正处于改革和现代化发展的重要时期，急需大量资源与资金投入来保障农产品流转。因此，发展农业保险是十分必要的。同时，还可以减少自然灾害给农民造成的经济损失和风险，提高防灾减灾水平。

1.扩大政府农业保险补贴范围和规模

农业保险公司因高风险、高赔付率而缺乏积极性，政府应加强对农业保险公司的补贴。随着我国国际实力的不断增强和国民经济的不断发展，我国农民收入持续增长。但由于农业保险费用较高，大多数农民不愿意购买，因此政府补贴一定比例的费用，以增加人们的参与度。

2.加大农业保险推广力度

我国农村地区农业保险的推广需要政府、保险公司和农民的充分配合，只有这样才能保证保险的可持续发展。通过宣传和转变农民传统经济观念，越来越多的农民认识到农业保险的重要性，逐渐相信保险，愿意参与保险，让农业保险更具社会性。

3.建立农业保险和灾害分担制度

创建多样化的保险体系，分担多种风险，减少财政压力。同时，为完善我国风险管理体系，需要加快法治化进程，尽快制定相关法律，建立专门机构来进行治理。

（四）创新农村金融产品服务乡村振兴

目前，农村金融机构提供的金融产品大部分来自城市，由于农村经济水平相对较低，农村金融机构提供的产品不能满足农村发展的需要。因此，农村金融机构应结合农村具体情况，向市场推出适合农村居民需求的金融产品，满足农村居民日益增长的金融需求。

第四节　乡村旅游

第十九届中共全国代表大会报告提出了乡村振兴战略。该战略的核心是在经济发展的同时，注重环境保护和生态建设，实现经济增长和环境保护的双赢。实施乡村振兴战略总体上是解决新时代"三农"问题的抓手，是缩小贫富差距、增加农民收入的良好保障，也是乡村旅游快速发展的重要驱动力。为了实施这一战略，我们需要坚持绿色、循环和低碳发展，以及人与自然的和谐共生。如今，越来越多的人选择乡村旅游，一方面可以缓解城市的交通压力和繁重的工作量带来的压力，另一方面又可以充分享受到田园风光。然而，乡村旅游相关的诸多问题影响了乡村的可持续发展，乡村旅游作为实现乡村发展的重要手段，关系到实现乡村振兴的可能性，所以我们要重视乡村旅游。

一、乡村振兴背景下发展乡村旅游的意义

（一）支持农村经济发展的重要保障

目前，大部分村庄以农业发展为主，乡村旅游的出现给当地带来了巨大

的经济发展机遇，不仅可以吸引更多游客前来乡村旅游，还可以为当地提供更多就业岗位，在一定程度上可以成为农村经济发展的重要保障。

（二）农民增收致富的重要途径

作为乡村振兴战略的一部分，乡村旅游项目的成功可以带动农村劳动力向旅游服务业转移，增加农民收入，提高农民生活水平。同时，有利于缩小城乡贫富差距，提高农民满意度，对解决农村发展人才短缺问题具有积极作用。

（三）农村环境卫生改善的重要推动力

乡村的生态环境及卫生状况影响乡村旅游的可持续性。为保障乡村旅游快速稳定发展，各地要重点抓好乡村环境卫生整治工作，确保周边居民旅游场所整洁有序。

（四）深入研究乡村文化的重要起点

近年来，乡村旅游的发展越来越受到游客的青睐，乡村旅游的长远发展离不开旅游地的基本竞争力。发展乡村旅游，有利于旅游地开发特色旅游产品和项目，深入渗透乡村文化遗产，培养长期文化保护意识，为文化遗产传承提供重要支撑。

二、生态文明与乡村旅游建设的相互关系探讨

（一）生态文明思想和乡村旅游建设理念是相互补充，相互促进的关系

生态文明思想和乡村旅游建设关系互补互促，它们共同构成了一个具有

内在联系和外在表现的系统。它们的相互作用和影响力有助于我们对乡村生态旅游建设有更深入的理解，并且推动我们不断深化和拓展其内涵。

生态文明思想为乡村旅游建设理论基础和指导原则，它提出我们应该坚持以人与自然的和谐共生为目标，坚持尊重自然、顺应自然、保护自然的原则，通过对自然的合理利用和保护，实现人与自然的和谐共生。这个理念对于我们理解和保护自然环境，以及构建与保护美丽的乡村生态环境有着非常重要的指导作用。

乡村旅游建设则是生态文明思想在实践中的具体展现和运用。它倡导的是一个环境优美、社会和谐、人民富裕的理想乡村，是我们实施生态文明建设、实现可持续发展的具体目标。通过实施乡村旅游建设，我们可以更好地理解和实践生态文明思想，进而推动生态文明建设的实际进程。

首先，生态文明思想和乡村旅游建设之间的相互补充体现在以下方面：一方面，生态文明思想提出的和谐共生原则，为乡村旅游建设提供了理论指导和实践方法；另一方面，乡村旅游建设则通过实际的实践和实施，进一步明确和展现了生态文明思想的内涵和要求。

其次，生态文明思想和乡村旅游建设之间的相互促进体现在以下方面：一方面，通过深入理解和实践生态文明思想，我们可以更好地理解乡村旅游建设的内涵和要求，进而更好地推动乡村旅游的建设；另一方面，通过实施乡村旅游建设，我们可以更好地实践生态文明思想，进而推动生态文明的发展。

生态文明思想和乡村旅游建设相互补充、相互促进。它们构成了推动生态文明建设的理论基础和实践指南，对于理解和推动生态文明建设具有重要指导意义。在未来发展中，我们应深入理解和实践这些理念，推动生态文明建设，实现人与自然、人与社会的和谐共生。

（二）生态文明与乡村旅游建设是共生的关系

首先，生态文明是乡村旅游建设的生命线。生态文明强调的是人与自然的和谐共生，这是乡村旅游建设的基础。没有良好的生态环境，就没有美丽的乡村旅游环境。生态文明的理念和实践，为乡村旅游建设提供了理论支持

和实践指南。生态文明的建设，是乡村旅游建设的前提和保障。这种关系可以从以下几个方面进一步展开。

（1）理论支持：生态文明提供了对人与自然关系的新理解，强调人与自然是一个生命共同体，人的发展不能以牺牲自然为代价。这种理论支持为美丽中国建设提供了指导思想。

（2）实践指南：生态文明的实践，如绿色发展、循环经济、低碳生活等，为乡村旅游建设提供了具体的实践路径。

（3）前提和保障：没有良好的生态环境，就没有美丽的乡村旅游的发展。生态文明的建设，保障了乡村旅游的生态基础。

其次，乡村旅游建设也是生态文明的体现和实践。乡村旅游不仅仅是让游客欣赏自然环境的美，更是人与自然和谐共生的美。乡村旅游建设是生态文明理念的具体实践，是生态文明建设的成果展示。乡村旅游建设推动了生态文明的发展，提升了人们的生态文明意识。这种关系可以从以下几个方面进一步展开。

（1）体现和实践：乡村旅游建设是生态文明理念的具体体现和实践。它将生态文明的理念转化为具体的行动，为人们提供了一个直观的生态文明实践的平台。

（2）成果展示：乡村旅游建设是生态文明建设的成果展示。它展示了生态文明建设的成果，让人们看到了生态文明建设的价值和意义。

（3）推动和提升：乡村旅游建设推动了生态文明的发展，提升了人们的生态文明意识。通过参与乡村旅游建设，人们更加深入地理解和接受了生态文明的理念，从而更加积极地参与到生态文明的建设中来。

在具体的实践中，我们需要做到以下几点。

（1）提高全民生态意识：通过教育和宣传，让每个人都理解和接受生态文明的理念，将这种理念转化为实际行动。

（2）建立和完善生态法规：通过立法，建立和完善生态保护和管理的法规，保障生态文明建设的顺利进行。

（3）发展绿色经济：通过发展绿色产业，推动经济的绿色转型，实现经济发展和生态保护的双赢。

（4）实施生态保护项目：通过实施各种生态保护项目，保护和恢复生态

环境，为乡村旅游建设提供良好的生态基础。

（5）推广绿色生活方式：通过推广绿色生活方式，让每个人都成为生态文明建设的参与者和推动者。

只有这样，我们才能真正实现乡村旅游建设的目标，为我们的子孙后代留下一个美丽、和谐、可持续发展的家园。

三、农村生态旅游发展应当树立的与生态相关的观念

（一）确立新发展观与现代化理念

第一，传统的发展观念强调经济增长和物质积累，忽视了生态环境的保护和可持续发展。随着环境污染、资源短缺和生态系统崩溃等问题的日益突出，我们意识到传统发展观念已经不再适应当今社会的需求。因此，我们需要树立一种新的发展观，将生态环境保护和可持续发展纳入发展的整体考虑。

第二，生态文明建设不是放弃发展或现代化，而是在追求发展的同时更加注重环境和生态的保护。我们要通过优化经济增长方式，实现经济的高质量发展，同时减少对自然资源的依赖和对环境的破坏。这需要树立现代化理念，将生态文明作为现代文明的升级版，实现更加全面、均衡、协调的发展。

第三，生态环境保护不仅是经济发展方式转变的必然要求，也是推动经济增长的重要途径。传统发展模式过度依赖资源消耗和环境破坏，长期以来带来了严重的污染问题和生态危机。通过加强生态环境保护，优化产业结构，提高资源利用效率，我们可以实现绿色发展，推动经济的可持续增长。

第四，构建新的发展观和现代化观念对解决中国发展短板和环保不足至关重要。中国需要在经济发展和环境保护之间找到平衡点，以实现协调发展并推动全面发展。为此，需要转变发展模式，树立全新的发展观和现代化理念，强调生态文明建设，实现人与自然的和谐共生。

生态文明建设的关键在于协调经济社会发展与生态环境保护，坚守以人为本和可持续发展的原则。我们应当提倡节约资源，保护环境的理念，通过调整产业结构，改善环境质量，实现经济增长与环境保护的良性循环。同时，我们也要注重发展模式的转变，推动绿色发展，通过发展节能环保产业、培育绿色消费等方式，提高资源利用效率，减少环境污染。为了实现这个目标，我们需要加强环境监管和治理，强化环境法律法规的制定和执行，加大对环境污染的处罚力度，形成一个严格的监管体系。同时，我们还需要加大科技创新的力度，推动绿色科技的研发和应用，促进清洁能源的发展和利用。在这方面，中国已经取得了一系列重要的成就。国家对绿色低碳转型的重视程度不断提升，通过一系列的政策和措施，加大了对清洁能源的投资和支持，推动了可再生能源和新能源汽车的发展。此外，中国还大力推动工业化与信息化的融合发展，通过科技创新推动工业化进程，实现生态环境和经济的协调发展。

总体来说，对于乡村旅游建设面临的发展不足和环保不足的问题，构建新的发展观和现代化观念至关重要。通过将经济发展和环境保护有效结合，实现协调发展，我们才能推动中国经济社会的全面发展。虽然中国在绿色低碳转型和生态文明建设上已经取得了显著的进步，但我们还需要进一步加大努力，通过节约资源、保护环境、调整产业结构等方式，推动绿色发展，实现经济与生态的协调共生。

在推进乡村旅游建设的过程中，我们还要深入理解和实践人与自然的关系。人类是自然界的一部分，我们的发展必须尊重自然的规律，充分利用自然资源，同时保护生态系统的完整性和稳定性。我们需要实施全方位的治理和保护，注重生态系统的整体性和复杂性，促进生物多样性的保护，加强生态系统的修复和恢复。通过建设国家公园体系，保护自然生态，我们可以为后代子孙留下一个更加绿色、美丽的家园。

（二）确立新的生态价值观和伦理观念

第一，传统的发展观念主要以经济增长和物质利益为导向，忽视了生态系统的重要性和生物多样性的保护。树立新的生态价值观可以强调生态系统

的完整性、稳定性和可持续性，将生态环境的保护和恢复纳入发展的整体目标。这样的价值观能够引导人们认识到自然资源的珍贵性，倡导尊重自然、保护自然的行为准则。

第二，传统的人与自然关系常常是人类对自然的控制和利用，导致了环境破坏和生态危机。树立新的生态伦理观念可以强调人与自然的和谐共生，主张人类与自然相互依存、相互促进。这样的伦理观念能够引导人们追求可持续发展，实现人与自然的和谐关系，促进生态系统的健康与稳定。

第三，乡村旅游建设需要人们转变对自然的认知和态度。传统观念中，自然资源被视为人类利用的对象，而新的生态价值观和生态伦理观念将自然视为人类的生存环境和生命共同体，提倡人们尊重自然的权益和尊严。这种转变可以激发人们对自然的热爱和保护意识，从而促使个体和社会采取积极的行动来保护生态环境。

第四，树立新的生态价值观和生态伦理观念也有助于构建全球生态文明。面对全球性的环境问题，国际合作和共同行动是至关重要的。通过共享新的生态价值观和生态伦理观念，各国可以增进相互理解和合作，推动全球范围内的生态文明建设。

第五，树立新的生态价值观和生态伦理观念对于解决当前的环境挑战具有重要意义。环境问题日益严峻，气候变化、生物多样性丧失和资源耗竭等威胁着人类的生存和发展。树立新的生态价值观和生态伦理观念可以引导人们积极应对这些挑战，改变不可持续的生产和消费方式，促进绿色发展和可持续发展。

我们必须承认和理解，人类并不是生态系统中独立的元素，而是其中的一部分，与其他所有元素一样，都受到自然规律的约束。尊重自然规律不仅是生物生存的基础，更是人类社会发展的重要指引。这就要求我们在推进社会主义建设的过程中，切实建立和坚持生态文明理念，认同并实践生态文化，弘扬生态意识，落实生态道德。这不仅符合中国特色社会主义核心价值观，也是中国在追求更好、更高质量发展过程中的必然要求。生态文明不仅不会阻碍发展和现代化，反而是现代文明的进化和升级，它呼唤更加全面、均衡和协调的现代文明道路和模式。

四、农村生态旅游发展应当遵循的与生态相关的原则

（一）生态经济

农村生态旅游的发展不能以牺牲环境为代价，要遵循生态经济。生态经济注重绿色、循环和低碳发展，旨在实现经济增长与环境保护的双赢局面。生态经济将人类经济活动与生态系统相结合，追求资源的有效利用、环境的保护与修复以及社会的可持续发展。下面是对生态经济的详细解读。

1.绿色发展

绿色发展是生态经济的核心理念之一。它强调在经济增长的过程中，优先考虑环境的保护和可持续性，减少资源的消耗和环境的污染。

绿色发展要求转变生产方式和消费模式，推动资源的节约利用，提倡绿色技术和清洁能源的应用，减少对自然资源的压力。

2.循环发展

循环发展是生态经济的重要目标之一。它倡导将废弃物转化为资源，通过循环利用和再生利用来减少资源的消耗和环境的污染。实现循环发展需要建立完善的循环经济体系，推动废弃物的分类回收、资源的再利用以及能源的有效利用，以减少资源浪费和环境负担。

3.低碳发展

低碳发展是生态经济的重要方向之一。它强调减少温室气体的排放，降低对气候变化的影响，推动低碳技术和清洁能源的发展和应用。

低碳发展需要减少化石能源的使用，提高能源利用效率，推广可再生能源，促进碳排放权的交易和碳市场的建立。

4.生态价值观

生态经济强调生态价值观的引导和体现。它认识到生态系统对经济发展

的重要性，强调保护生态系统的功能和服务，确保生态资源的可持续利用。

生态经济需要衡量和考虑自然资本的价值，将生态系统的恢复和保护纳入经济决策和评估体系，实现经济增长与生态保护的协调。

5.环境税费与激励机制

生态经济需要建立环境税费与激励机制。通过对环境污染和资源消耗征收税费，引导企业和个人采取环保行为和绿色生产方式。

同时，生态经济还需要提供经济激励和支持，鼓励绿色创新、绿色产业的发展，推动绿色投资和绿色金融的发展。

6.可持续发展

生态经济的目标在于实现可持续发展。它强调经济、社会和环境的协调发展，以满足当前世代的需求，同时保护未来世代的发展空间，确保资源和环境的可持续利用。

可持续发展需要将经济增长与资源保护、环境修复和社会公平相结合，推动经济的长期稳定和社会的和谐发展。

综上所述，通过绿色发展、循环发展和低碳发展，引导经济活动与生态系统相结合，促进资源的有效利用、环境的保护与修复以及社会的可持续发展。生态经济还强调生态价值观、环境税费与激励机制以及可持续发展的实现，实现经济繁荣与生态平衡的良性循环。

（二）生态法治

农村生态旅游的发展要符合相关规定，即要遵循生态法治原则。生态法治是生态文明的重要组成部分，它通过法律手段来保护生态环境、防止环境污染和生态破坏。生态法治的实施旨在建立健全的法律体系，明确环境保护的法律规范和责任机制，促进社会各方的合作与共同参与。

1.法律体系

生态法治建立在完善的法律体系之上。这包括环境保护法、资源管理

法、生态修复法等相关法律法规的制定和完善，确保环境保护的法律框架健全、明确和具体。同时，生态法治还需要与其他法律领域相协调，如土地法、水法、森林法等，形成统一的法律体系，以保障对生态环境的全面保护。

2.环境保护标准

生态法治要求制定和实施一系列环境保护标准。这些标准可以涉及排放标准、水质标准、土壤污染防治标准等，旨在明确各种污染物的排放限值和环境质量要求。

环境保护标准的制定需要科学依据和参与各方的广泛讨论，确保标准的科学性、可操作性和适用性。

3.环境监测与评估

生态法治强调对环境的监测与评估。通过建立环境监测网络和评估机制，可以及时了解环境质量、资源状况和生态系统健康状况，为环境管理和决策提供科学依据。

环境监测与评估需要采集、分析和发布环境数据，提供公众和政府监督的依据，确保环境信息的透明和公开。

4.环境权益保护

生态法治强调保护公民和组织的环境权益。这包括对环境污染和生态破坏行为的法律制裁和赔偿机制，确保受损方能够获得合理的补偿和修复。同时，生态法治还需要提供公民和组织参与环境决策的机会，促进环境民主，保障公众的知情权、参与权和监督权。

5.责任追究与执法监督

生态法治要求加强对环境违法行为的责任追究和执法监督。这包括建立健全的环境执法机构和执法力量，加强执法能力和监督机制，确保环境法律的有效实施。同时，生态法治还需要建立严格的惩罚机制，对环境违法行为进行法律制裁，形成有效的威慑作用。

综上所述，生态法治作为生态文明的制度保障，通过法律手段保护生态环境、防止环境污染和生态破坏。它需要建立完善的法律体系，制定环境保护标准，加强环境监测与评估，保护环境权益，加强责任追究与执法监督，共同推动乡村旅游的可持续发展。

五、乡村振兴背景下乡村旅游发展存在的问题

（一）生态旅游的概念不明确

生态旅游是乡村开发的基础，对促进农村地区的经济发展具有重要的作用。但当前农村旅游发展实践中，存在对生态旅游认识不清、概念泛化等问题。例如，生态旅游开发的具体过程没有考虑生态体验，生态可持续意识薄弱；在认知层面上，人们认为生态旅游只是为了营造自然的景观环境，导致生态发展不尽如人意。因此，需要加强生态环境旅游的理论研究，科学界定生态环境旅游的概念，积极研究可持续的生态环境旅游发展思路。

（二）消耗农村资源

乡村旅游在促进当地经济发展的同时，必然会消耗当地的各种资源，改变当地居民的生存空间和资源结构，破坏当地的环境，对当地居民造成一定的负面影响。此外，如果居民无法从旅游中获得经济利益，或者利润不足以抵消乡村旅游活动对生态环境的影响和压力，居民就会产生抵触和厌烦心理，加剧社会矛盾，阻碍当地乡村旅游的发展。

（三）配套设施不全，游客体验较差

旅游业是许多产业发展的基础，带动了许多相关行业的发展。同时，旅游业的可持续发展也会受到相关产业服务水平的影响。总体来说，农村基础

设施发展可以说是比较落后的。同时，由于缺乏专业的工作人员管理，导致游客体验不够完美，游客感受不到欢乐和幸福感，从而不愿再次游览，也就不可能达到让游客广泛宣传这个乡村旅游景点的目的。

（四）旅游产品缺乏应有特色

乡村旅游吸引游客主要是因为可以体验农家生活、品尝乡村美食。其旅游产品以休闲农业、农业科技园、景观农业为主。他们过于依赖农业自然资源，不注重文化内涵。从长远发展来看，这不能保证乡村旅游的可持续发展。如今，乡村旅游产品同质化、缺乏相应特色，是乡村旅游发展面临的主要难题，也是缺乏吸引力的重要原因。

（五）品牌意识薄弱，宣传力度不强

随着互联网的快速发展，越来越多的人会根据旅游门户网站上发布的旅行者评论来选择旅行目的地。因此，树立旅游地良好品牌形象并加大宣传对于旅游业的发展具有重要意义。事实上，大多数乡村旅游中心没有品牌意识，而且由于经济有限，尚未发展和形成专业团队，导致缺乏宣传，这也是导致知名度不高的原因。

（六）人力资源短缺

许多乡村旅游中心远离城市，交通不便，工资低。因此，很难吸引受过良好教育、有才华的人来工作。这也意味着，大部分员工都是当地农民，基本上学历不高甚至没有学历，更没有受过相关的专业化教育。在接待外国游客时，无法满足游客的需求，因此，游客会感到服务不好。

（七）资金来源不足，运营能力较差

乡村旅游的发展需要大量的人力、物力、财力支持。然而，大多数农

村企业由于缺乏资金并且可以利用的资源有限而失败，这种情况越来越普遍。因此，增加乡村旅游的预算和资源已成为促进农村旅游发展的重中之重。

（八）乡村旅游资源分散

乡村旅游的发展主要依靠自然资源，而乡村旅游资源分散，这直接阻碍了旅游业通过整合旅游资源实现规模效应，同时也不利于餐饮、住宿等大中型企业的发展。同一地区的乡村旅游服务，受自然、地理位置、环境等影响，同一地区的乡村旅游资源呈现出较高的重复率。此外，农村经济发展落后，导致旅游资源在合理有效开发利用方面存在严重问题。我国大部分农村地处偏远，交通不便，很难建设、发展大型产业，这就形成了恶性循环。大部分村民受教育程度较低，没有新理念，没有发展旅游的创新思维，这也增加了农村旅游发展的难度。

（九）乡村旅游地逐渐城镇化，缺乏文化内涵

从某种意义上说，西方文明始于城市，而中国文明则扎根于乡村。中国拥有独特的景观、建筑、文化和生活方式，然而，在休闲农业的实际开发建设中，大多数从业人员并未制订长期的开发计划，而只注重短期经济效益，他们片面强调美景的改造和园林绿化，忽视了对农村的历史资源、特色文化的深入挖掘，失去了乡村本色。

一个地方的特色文化是当地的象征。乡村特色文化对于乡村旅游的长远发展具有重要意义。因此，经营者的主要责任在于正确调整发展战略，如果没有根据当地旅游发展情况制定相应的规划和政策，没有推出独具特色的乡村旅游项目，那么这些乡村的旅游项目在一定程度上也会缺少吸引力。

六、乡村振兴背景下乡村旅游发展对策

（一）加强基础设施服务建设，创新管理理念

目前，由于各乡村地区对旅游发展的重视程度不同，所以在基础设施建设方面也就存在较大差异，而基础设施的完善程度直接影响游客的体验，因此乡村旅游发展的前提是不断改善和加强基础设施的建设。此外，乡村旅游除了以政府为主导之外，当地农民也要积极、广泛参与，全面提升乡村旅游的服务意识和水平，通过全面精准的服务提升游客体验，使乡村旅游得到可持续发展。

（二）加强旅游与多产业融合，提升产品特色

乡村旅游的发展离不开多产业融合，可以积极发展"旅游+健康""旅游+体育"等旅游发展模式，注重打造特色产品，尽量避免同质的产品。还可以与当地文化基地有效对接，充分探索和完善文创产品开发，激发游客兴趣。总之，只有形成旅游发展特色，注重文化内涵打造，才能具有市场竞争力，才能持续推动乡村旅游发展。

（三）注重宣传服务，创新宣传模式

品牌建设是旅游发展的重要方向，乡村旅游必须充分利用当前互联网的发展机遇，灵活运用各种媒体进行品牌宣传，扩大旅游地品牌的知名度和影响力。同时，积极组建推广团队，关注网络舆情，努力将当地乡村旅游打造成品牌知名度强、社会美誉度高且具有特色的景点。

（四）加强人力资源培养力度，做好人才保障

乡村旅游的发展离不开专业的人员，作为乡村旅游主管部门，需要通过

多种渠道和方式引进和选拔专业人才，方法之一就是加强与该领域专家的合作，聘请他们作为导师，为乡村旅游的发展提供建议。二是加强与高校的合作，吸纳优秀青年作为后备人才，为乡村旅游发展增添新鲜血液。三是加强旅游从业人员专业培训，选拔优秀人才进行重点培养，确保乡村旅游发展的人力资源保障。

（五）交流合作，扩大招商引资力度

旅游地的资金支持不足是影响乡村旅游发展的重要原因。财力的缺乏意味着无法为游客提供全方位的优质服务，因此乡村旅游管理部门可以加强与乡村旅游的合作与交流，同时下发一系列政策予以支持。在不破坏当地文化和环境的基础上，政府可以大力引进企业参与乡村旅游开发项目，鼓励企业在资金上支持乡村旅游发展。

（六）秉承绿色、可持续发展理念

发展乡村生态旅游必须贯彻绿色可持续发展理念，完善生态旅游规划。发展乡村旅游时必须合理开发和利用自然资源，乡村旅游产业的发展绝不能以牺牲环境为代价。乡村旅游发展是一项涉及衣、食、住、行、娱的系统工程，需要对自然景观和乡村文化进行科学、合理、可持续的规划。同时，农村的生态建设周期长，植物的生长与大气、水等的治理都要遵循内在规律，这需要几年甚至更长的时间。因此，推进农村生态文明建设没有捷径。我们要抛弃急功近利的思想，认真做好每一项工作。

1.发展乡村生态旅游时，不要忘记强调人与自然之间的和谐共存

经济的发展与进步不应以牺牲自然环境为代价，我们需要尊重自然、保护生态，改善人类的生活环境。这包括减少污染，保护生物多样性，防止气候变化等。我们需要通过科技进步和政策引导，倡导绿色低碳的生产和生活方式，实现可持续发展。

2.发展乡村生态旅游时，要以生态平衡和可持续发展为原则

乡村生态旅游发展的关注点之一在于确保生态平衡和实现可持续发展。生态平衡指的是人类活动与自然环境之间的平衡，我们必须避免过度开发自然资源，以保持生态系统的稳定。可持续发展意味着我们的发展方式应能够满足当前需求，同时不损害后世的需求。

3.发展乡村生态旅游时，要以生态伦理和生态法治为保障

生态伦理是生态文明的伦理指导原则，要求我们对自然予以尊重，保护生态系统，并关爱环境。生态法治则是确保生态文明的制度保障，通过法律手段来保护生态环境，预防环境污染和生态破坏。

（1）尊重自然

尊重自然是生态伦理的核心原则之一。它强调人类应该以敬畏和谦卑的态度对待自然界，承认自然拥有自身的价值和权利，而不仅仅是人类利用的资源。

（2）保护自然

保护自然是生态伦理的重要任务之一。它要求我们在发展乡村旅游时不要为了眼前的利益而过度消耗自然资源或破坏环境，要采取积极的措施来保护和恢复生态系统的健康和完整性。这包括可持续利用水资源，减少土壤侵蚀和水污染等破坏性行为，以及保护自然景观和自然遗产。

（3）爱护环境

爱护生态环境是生态伦理的基本要求之一。它要求我们在发展乡村旅游的同时要对环境负责，采取可持续的生活方式，减少对环境的负面影响。这包括节约能源和资源的使用，减少垃圾和污染物的排放，提倡环境友好的交通方式，如步行、骑自行车和使用公共交通工具，以及推广环保技术和清洁能源的使用。

（4）平衡发展

生态伦理强调平衡发展，即人类的经济、社会和环境发展之间的协调和平衡。这意味着我们在寻求经济增长和社会进步的同时，应保护生态系统的可持续性和稳定性，避免对自然资源的过度开发和破坏。

（5）教育与意识

生态伦理的实践需要教育和意识的支持。教育是培养人们对自然环境重

要性和生态系统功能理解的关键。

意识是个体和社会对生态伦理原则的认同和共识，它可以通过宣传、媒体、社会组织和政府政策的推动来促进。

（七）大力宣传教育生态文明理念，鼓励人们参与乡村建设

为了在保护环境的前提下更好地发展乡村生态旅游，我们需要进行广泛的宣传和教育活动，在整个社会中树立并弘扬生态文明的理念。这是一项庞大而重要的工程，需要每个人积极参与其中。

环境和生态是由无数微小的组成部分构成的，因此保护环境和维护生态并非仅仅是政府、企业和投资者的责任，还是每个公民的责任。如果公民缺乏文明行为，就无法建设出文明的生态环境；同样，如果生态环境缺乏文明，也就无法实现真正的生态文明。因此，推动生态文明建设的首要任务是广泛动员社会各界参与，通过产业结构调整、生产方式转变和生活方式改变，推进生态文明的发展。

我们可以通过多种媒体手段，加强对国家的基本状况、基本国策以及相关法律法规的宣传教育。通过宣传生态文明建设的成功案例和效果，持续扩大群众对生态文明的认知和理解，提高公众的环保意识。同时，通过充分利用社会资源和推广生态文明理念，借助非政府环保组织的桥梁作用，推动各领域和层面推行生态文明理念。

只有通过全社会的共同努力，我们才能够构建一个尊重自然、与自然和谐相处、保护生态环境的生态文明社会。每个人都应当以文明的态度对待环境和生态，从小事做起，从日常生活中的每个行为开始，为生态文明建设作出贡献，实现可持续发展，留给后代一个更美好的地球家园。

为了加强社会建设，我们需要从多个方面着手。

首先，要加强生态环境教育，提高公众对生态问题的认识和理解。通过开展宣传活动、组织培训和教育课程，让人们了解生态环境的重要性，认识到保护生态环境的责任和义务。同时，我们还应加强对公众参与生态文明建设的引导和激励，鼓励他们积极行动起来，亲自参与到环境保护和生态建设中。

其次，我们要促进民间环保组织的健康发展。这些组织在推动生态文明建设中发挥着重要的作用，他们能够组织和动员更多的人力资源，开展各类环保活动和项目。为了促进其健康发展，我们需要建立健全相应的政策和制度，为民间环保组织提供必要的支持和保障，鼓励他们与政府、企业和社区开展合作，共同推动生态文明建设的进程。

最后，我们要加强社会各界的合作和协作。生态文明建设是一个系统工程，需要各方面力量的共同参与和努力。政府、企业、学校、社区和个人都应发挥各自的作用，加强合作，形成合力。政府应制定相关政策和措施，提供支持和引导，为各界的参与提供良好的环境和条件。企业应加强环境管理和责任意识，推动绿色生产和可持续发展。学校应加强环境教育，培养学生的环保意识和责任感。社区应组织和推动各类环保活动，激发居民的参与热情。个人应自觉履行环保义务，改变不良习惯，采取可持续的生活方式。

（八）积极宣传乡村生态环境之美

1.乡村生态美体现在自然景观的多样性

乡村旅游的发展与建设鼓励保护和修复自然景观，包括山脉、森林、湖泊、河流、草原、湿地等自然景观的保护和恢复。这些美丽的自然景观以其雄伟壮丽、宁静祥和、生机勃勃的景象，为人们提供了欣赏、休憩和沉思的场所。人们可以在大自然中感受到它的恢宏和神奇，这种与自然融为一体的体验让人心旷神怡，使人们更加珍惜和爱护自然。

2.乡村生态美表现在生物多样性

乡村旅游的开发要以保护生物多样性为前提，当然也包括对各种动植物物种的保护和栖息地的保护。生物多样性是自然界的宝贵财富，它使得地球上存在着丰富多样的生命形式。保护生物多样性不仅可以维护生态平衡，保持生态系统的稳定功能，还可以提供食物、药物和其他生态服务。

3.乡村生态美涉及生态系统的平衡

生态系统是地球上各种生物与非生物要素相互作用的复杂网络。它们通

过能量流动、物质循环和生物相互依存的关系维持着生态平衡。乡村旅游的发展与建设要以不破坏生态系统为前提，减少人类活动对生态系统的破坏。通过生态系统的健康和平衡，我们可以享受到自然界带来的各种好处，如新鲜空气、清澈水源、肥沃的土壤等，这些恢宏而和谐的自然生态系统让人们感受到生态美的独特魅力。

总的来说，乡村旅游在开发与建设的同时要注重保护和提升生态环境的美，体现在自然景观的壮丽与多样性、生物多样性的丰富和保护，以及生态系统的健康和平衡。实现生态美需要我们采取可持续发展的方式，重塑我们与自然的关系，保护和珍视自然界的宝贵资源。通过这样的努力，我们可以使乡村旅游更和谐、更持续的发展下去，让更多的当地人与游客享受到乡村生态美所带来的福祉。

（九）新媒体的传播方式融入乡村旅游

移动互联网的日益普及以及大数据时代的到来，社会上的信息种类越来越多。乡村旅游以其独特的自然景色与文化底蕴迅速吸引了游客的眼球。新时代，通过网络媒体进行宣传的方式成为吸引大众去乡村旅游的重要手段，借助移动网络平台，通过短视频传播多种视觉冲击力强、特色鲜明的乡村景观，可以达到吸引更多游客、发展旅游经济的目的，这也推动了网红村不断涌现。新媒体支撑下的乡村旅游发展所出现的新现象大致可分为两类，其中一类便是拥有美丽的乡村自然景观、特色乡村文化遗产和独特的建筑景观，但由于以前地处偏僻，交通不便，一直鲜为人知的村落，随着网络时代的到来及影响，通过社交媒体传播后，这些美丽又充满特色的村落开始在互联网上广为人知，进而发展并吸引了大量游客。例如，2018年，西南部的古都四川稻城亚丁国家景区，"抖音"平台上的短视频播放总量超过17亿，迅速吸引了大量游客。特色餐厅、特色主题屋如雨后春笋般涌现，这些都与乡村文化息息相关。

七、案例分析

（一）宁波乡村旅游资源禀赋调查

从乡村旅游的内涵出发，将乡村旅游发展要素分为乡村资源要素和其他协同要素。其中，乡村资源要素包括乡村产业、乡村景观、文化节庆；其他协同要素包括景区分布、交通区位等。下面基于这五大层次进行乡村旅游资源禀赋调查和空间数据库的构建。

1.乡村产业

宁波市2020年农林牧渔业增加值352.4亿元，居全省首位。化肥、农药施用量连续5年负增长，农产品质量安全监测合格率稳定在98%以上，获得国家农产品质量安全市称号。农业生产科技含量不断提高，杂交水稻、西瓜、柑橘、大黄鱼等育种成效显著，良种覆盖率达到98%。粮食耕种收综合机械化率达到90%，成功创建全国平安农机示范市，整建制率先基本实现主要农作物生产全程机械化。农业集聚化发展水平显著提升，建成一批国家级省级农业园区和强镇，整市开展国家现代农业示范区建设。农业现代化发展水平综合得分90.32分，率先进入基本实现农业现代化阶段。

区域特色农产品。宁波市特色农产品丰富，统计2013—2020年公布的全国名特优新农产品目录和2020—2021年浙江省特色农产品优势区名单，同时结合网络数据分析和问卷调查，特色农产品分布数量最多的是余姚市、宁海县和象山县。

地方特色美食"港通天下，书藏古今"的宁波依山靠海，历史悠久、物产丰富，饮食文化底蕴深厚，"侬家东海上，束发餍霜螯。"清代著名思想家、史学家、文学家全祖望曾经吟咏过不少关于宁波"下饭"的诗句，"吃在宁波"闻名已久。百度推荐前五为宁波汤圆、慈城年糕、冰糖甲鱼、宁海麦饼、宁波三臭。宁波汤圆、宁海麦饼、奉化千层饼入选2018—2019浙江十大农家特色小吃名单。

2.乡村景观

最美田园。浙江省农业农村厅、浙江省旅游局、浙江省广电集团分别在2018年和2019年联合开展"休闲农业和乡村旅游精品线路"推介和"最美田园"推选活动，共评选出200个最美田园。其中，宁波市有21个，除鄞州区和宁海县各有4个，海曙区3个以外，其他区县市各占2个。从类型看，21个"最美田园"中农田类10个、果园类6个、茶园类3个、竹园和菜园各1个。

精品路线。浙江省农业农村厅、浙江省文化和旅游厅分别在2018年、2019年和2021年共发布了310条浙江休闲农业和乡村旅游精品线路，宁波市共上榜39条，其中2018年13条，2019年14条，2021年12条。2021年发布的12条线路是宁波市具有代表性的休闲农业和乡村旅游线路，各条线路利用乡村资源环境优势，结合特色产业、乡土风俗，开展了"春观花""夏纳凉""秋采摘""冬农趣"等各类活动，既有红色乡情游，也有绿色康养游，还有田园村韵游，包含各类休闲农业和乡村旅游景点74个，有效促进了宁波市农村一、二、三产业融合和"4566"乡村产业发展。

中国美丽休闲乡村。农业农村部自2010年开展中国美丽休闲乡村的评选，截至2021年，宁波市共计有8个村庄入选，其中余姚市最多为3个，分别为大岚镇柿林村、鹿亭乡中村和大隐镇芝林村，另外海曙区、鄞州区、江北区、奉化区和象山县各有1个。

景区村庄。围绕自然景观、建筑风貌、历史遗存、体验活动及旅游配套服务等各项指标，浙江省文化和旅游厅自2017年连续4年开展3A级景区村庄的评选，截至2021年已评选出1966家省3A级景区村庄，其中宁波市达269家，仅次于杭州307家。

3.乡村文化

（1）历史文化村落

目前，宁波已经有29个历史文化（传统）村落保护利用重点村，121个一般村，其中奉化区以5个重点村和22个一般村位列全市第一。

（2）民俗文化

宁波拥有28项国家级非物质文化遗产和94项省级非物质文化遗产，影响力和知名度较高的有宁海十里红妆婚俗、宁海平调、宁波走书和姚剧等。国

家级非物质文化遗产传承人11名，省级69名，其中鄞州区以20名非物质文化遗产传承人位列区县市第一。

4.景区资源

根据浙江省国家级风景名胜区名录，宁波拥有5A级国家风景名胜区2个，4A级景区31个，3A级景区19个，其中鄞州区分布最多，为10个，其次是余姚市7个。

5.交通区位

以10个区县市中心为起点，宁波市1 km×1 km网格中心点为终点，通过百度地图API进行交通时间抓取，得到宁波市距最近市中心交通时间分布图，计算各交通时长面积分布表。总体来看，宁波市内交通情况优秀，绝大部分地区都处于1h交通圈内（表3-3）。

表3-3　宁波市距最近市中心交通时长面积分布

更最近市中心交通时长/h	面积占比/%
0.5	29.60
1.0	55.01
1.5	12.72
2.0	2.42
2.5	0.23
>2.5	0.02

（二）宁波市乡村旅游发展现状

1.宁波乡村旅游发展规模

2021年，宁波市乡村旅游累计接待游客6637.84万人次，同比疫情前增长18.6%；实现旅游总收入73.91亿元，同比疫情前增长17. 99%。其中，乡村民宿、客栈等住宿设施累计接待游客705.35万人次，同比疫情前增长

18.02%，实现营业收入12.58亿元，同比疫情前增长14.36%。全市乡村全域旅游格局基本形成，产业规模不断壮大，产品品质持续提升，新模式、新业态不断涌现；同时，"春响大地，乡约宁波"宁波乡村旅游季、首届民宿惠民节、民宿推介会等活动的开展，持续带热旅游市场，有效带动农户增收。游客接待总量和经营总收入等主要指标增速已超过疫情前水平，乡村旅游已成为促进乡村振兴，推动共同富裕的重要助力。

2.宁波乡村旅游发展类型

随着乡村旅游呈现多样化发展特点，围绕山、水、湖、田、林、居等基础元素，宁波市围绕观光、休闲、度假、体验、科普、康体等不同功能，构建了丰富的乡村旅游产品结构。根据宁波市乡村旅游资源禀赋，归纳总结了适宜发展的五类旅游类型，分别为休闲观光型、科教体验型、民俗文化型、康养度假型和时尚运动型，其特点和案例如表3-4所示。

表3-4　宁波市适宜发展的乡村旅游类型

类型	主要特点	案例
休闲观光型	以田园风光、乡村风貌为背景，以宁静、闲适散淡的乡村氛围为依托，满足游客回归自然的需求。该类型对乡村景观、景区资源等要素具有较高的要求	九龙湖镇秦山村、章水镇杖锡村、四明山镇大山村
科教体验型	依托果园、农场、主题庄园、现代农业科教基地、农业博览园等基地，满足游客科普教育、农事体验的需求	尚田镇下王村、定塘镇小湾塘村、下应街道湾底村、古林镇前虞村
民俗文化型	通过挖掘乡村历史底蕴和文化内涵，涵盖历史古迹、红色文化、特色美食、风俗人情、传统节庆等资源，满足游客"求新、求异、求知"的需求。该类型对文化挖掘保护和开发力度等具有较高的要求	章水镇李家坑村、澥浦镇十七房村、石浦镇东门渔村

类型	主要特点	案例
康养度假型	通过养颜健体、营养膳食、修身养性、关爱环境等各种手段，使游客在身心达到自然和谐的优良状态。该类型对景区资源、医疗保健机构、度假酒店和乡村民宿等业态具有一定要求	定塘镇沙地村、大岚镇柿林村
时尚运动型	以都市白领、自由职业者等年轻创新型人群为目标客户，结合乡村古朴性、都市时尚性和探索挑战性，开发包括漂流、徒步、露营、野外拓展、越野、皮划艇、攀岩、海钓、滑翔伞等活动。该类型对地形地貌、设施配套和经营主体等要素具有特殊的要求	龙观乡龙峰村、溪口镇岩头村、白峰街道上阳村

从2004年以来连续16年中央一号文件都是农业主题，在"重要窗口"的指引下，浙江深入实施"千村示范，万村整治"工程，致力于农民市民融合的新型城市化建设，农业品牌建设特别是农业区域公用品牌是政府推进农业改革的重要抓手，宁波市在此领域不断推进，逐步形成了一批有较高知名度的区域公共品牌，成为"重要窗口"的展示工程。

3.区域公用品牌建设成效明显

（1）积极培育县域公用品牌

宁波市推进农业供给侧结构性改革以来，以县域公用品牌为抓手，积极进行品牌建设，县域公用品牌的知名度和认可度不断提升。宁波的区县（市）拥有独特地理禀赋，经过悠久的种植、养殖、加工技术等历史文化沉淀，最终形成了区域特征明显的品牌，余姚榨菜、慈溪杨梅、鄞州雪菜、奉化水蜜桃、象山红美人、一市白枇杷、浙东白鹅、长街蛏子、余姚甲鱼等，就是其中代表。余姚市立足"中国榨菜之乡""中国杨梅之乡"的优势，因地制宜发展特色农业，打造余姚区域公用农业品牌。慈溪市推出综合性农产品区域公用品牌——慈农优选，同时实施母子品牌策略，鼓励企业创建自主子品牌，加强农业区域公共品牌宣传，形成母子品牌双轮驱动、互惠双赢的良性格局。象山县积极扶持"半岛味道"综合性农产品区域公用品牌，推行"公用品牌+产业联盟+企业+基地"运作模式，实现品牌、标准、标识、价

格、宣传、销售"六统一",增强了区域品牌知名度和辨识度。

（2）增强农业品牌规模效益

品牌规模效益是制约农业区域公用品牌发展的重要因素。宁波部分县市区以品牌为载体,通过基地、订单、股份合作等途径将分散农户联合成利益共同体,大力推进"农业龙头企业＋品牌＋基地"和"农民专业合作社＋品牌＋农户"的一体化经营模式,实现品牌化经营,同时以现代农业综合区、主导产业示范区和特色农业精品园为突破点,延伸园区产业链,使园区与品牌协同发展,提高品牌规模效益。

（三）农业品牌绿色发展

宁波市政府历来重视农业品牌发展,积极实施"质优宁波""质量强市"战略,坚持把品牌培育作为现代农业工作的重点,围绕乡村振兴战略和农业供给侧结构性改革,出台《宁波市"十三五"现代农业发展规划》《宁波名牌农产品管理办法》等措施,推动农业标准化、绿色化、品牌化生产,加强对品牌的保护。加大农业科技的投入和农业品牌培育的政策扶持,引导和鼓励创牌主体开展与大专院校、科研单位的横向联合,提升农产品的科技含量,增加农业品牌附加值。

（四）问题与不足

1.农业区域公用品牌规划缺乏整体性和全局性

政府对农产品区域公用品牌投入和关注不够,没有把农产品区域公用品牌和美丽新农村建设、农村旅游、农村电商、农村物流、农事活动有机衔接和整合,在顶层设计上缺乏长远规划和专业运营。虽然目前宁波拥有慈溪杨梅、鄞州雪菜、余姚榨菜、象山红美人等有一定影响力的县域公用品牌,但全市域统一的农产品公用品牌仍是空白,且不少区域公用品牌至今没有专门的组织进行规范管理,产品缺乏监督和约束,假冒产品损害优质品牌生命力,不但损害了消费者的利益,同时对正宗的农产品区域公用品牌的品牌权益产生了严重侵权,使有的优质品牌信任度严重下滑,如洞桥八戒西瓜。

2.农业企业品牌意识不强

农产品生产主体品牌意识淡薄，有的甚至没有品牌意识，过于注重当前利益，缺乏战略眼光与长期谋划，对区域公用品牌的理解和把握还很模糊，投入与保护的力度远远不足，使用区域公用品牌缺乏规划性和有效性，独占、滥用、错用等现象时有发生，以致市场对许多名、特、优农产品只有类别统称，尚无品牌或者品牌信息模糊，更谈不上品牌美誉度和市场价值。

（五）对策与措施

1.以建设"重要窗口"视野，定位区域公用品牌价值战略

（1）宁波农业区域公用品牌构建的价值

大力推进宁波农业品牌化，主要意图有四个方面：一是为宁波农产品溢价上行提供品牌支持；二是以品牌化助力宁波农业高质量发展；三是通过品牌建设助推宁波乡村振兴和生态文明建设；四是以品牌为引领，在建设好十个方面"重要窗口"中，打造不断推动高质量发展、始终充满生机活力、生态文明高度发展的新样本。

（2）宁波农业区域公用品牌的资源研判

概言之，宁波创牌可利用的资源主要包括两类：一类是有形的产品，主要是品类丰富的农产品；另一类是无形的资源，主要是历史文化、旅游、生态资源。

有形的宁波农产，特征是"类多量小"。种类多：全市已形成粮食、蔬菜、水果、水产、茶叶、畜禽、中药材等若干大类数十种主要农产品；体量小：部分产业形成一定规模，但总体体量不大，比较来看，无规模优势。

无形的文化旅游，特征是文化多元、资源丰富。文脉特征多元的宁波，既有以山丘台谷原岛、江河湖海等为代表的自然造化，也有以渡（农耕文化）、佛（宗教文化）、港（商贸文化）等为代表的历史人文、商贸资源。

（3）宁波农业区域公用品牌战略定位

基于农产品"类多量小"、文旅"资源丰富"的现状，打造"农业+文化+旅游"的宁波区域公用品牌是符合宁波实际的品牌建设模式。

基于此而形成的区域公用品牌战略概括为"三+"战略。其中："品牌+"

是资源增值利器；"文旅+"是品牌体验场；"生态+"是战略基础支撑。

"三+"战略相互作用。其中"品牌+"是"文旅+""生态+"的指南针；"生态+"是"品牌+""文旅+"的基石；"文旅+"是"品牌+""生态+"的两翼。

2.宁波农业区域公用品牌的推进

（1）强化政府主导作用，创建宁波农业区域公用品牌

宁波农文旅区域公用品牌名称，要能指明地域，凸显价值，包容资源，易于传播。

命名创意建议：名称要瞄准宁波市域资产，找到宁波资源纽带，发现宁波资源亮点，如稻米源头、弥勒道场、禅宗名寺、旅游节、宁波港、宁波帮……

基于此，建议品牌名称为：甬源

名称含义：

①余姚河姆渡是稻米之源，农耕之源，源自宁波。

②徐霞客，从宁海出发，是旅游之源，源自宁波。

③奉化雪窦寺，弥勒文化之源，源自宁波。

④宁波的农产品品牌科技赋能，质量可溯源。

⑤打造源头（技术，市场，资本，服务）在宁波的农业总部经济。

以品牌名称为基础，进而创意出品牌宣传口号，设计出品牌形象的一系列设计（如标志、字体、色彩等基础设计，以及产品包装、活动宣传、渠道终端等方面的应用设计）。

（2）丰富农产品体系，拓宽宁波农业区域公用品牌产品线

围绕宁波的农产、旅游、美食、（手）工艺、民俗文化资源，建议开发"甬源"的"产、食、住、游、乐"品线。

①产在宁波。指宁波的农产品及工艺品，具体包括粮油、蔬菜、水果、水产、畜禽、中药材及工艺品等，是宁波农特礼品的代表产品，也是宁波产品溢价上行的主要产品，通过农业物联网，农业装备和新育种的协同，提升宁波农产品的附加值，形成小而精、小而美的中高端品牌定位。依托农产品/食品加工能力，以精深加工为方向，开发市场需求的休闲食品。如以"甬

源"为背书，鼓励开发特色小吃方便食品、果蔬即食食品，如对旭文海藻进行产业链延伸，形成海苔类休闲食品系列。

②食在宁波。宁波农产品所制作的特色小吃如慈城年糕、宁波汤圆、文昌油赞子等，为游客商务人士提供美食体验。细分市场，针对不同人群，开发系列组合类产品，满足个性需求。如针对水果市场，开发系列产品（如象山红美人、宁波白枇杷、慈溪杨梅、奉化水蜜桃）形成"甬源·果礼"等。

③住在宁波。可分为乡宿、民宿、酒店系列。其中乡宿主要指体验乡村乡景、乡情、乡风、乡味的乡村生活真实场所，是"住在宁波"体系的亮点。民宿指的是利用当地闲置资源，由民宿主人参与接待，为游客提供的小型住宿设施。酒店是为游客提供住宿服务的商业设施，包括星级酒店、宾馆、旅店等。

④游在宁波。主要有三类：一是乡村旅游；二是山水旅游；三是文化旅游。

⑤乐在宁波。主要有两类：一是乡村生活体验，如农耕文化、趣味休闲、康疗养生、手工艺学习、美食制作、科普教育等；二是民俗体验，如跑马灯表演、大头和尚舞、赛龙舟等。

3.发挥总部经济，促进宁波农业区域公用品牌产业升级

（1）从产业升级入手：结合区域合作，发展农业总部经济

开拓区域农业合作思路，实现资源的优势互补和有效利用，推动宁波农业产业结构升级，带动高端服务业的发展，促进农业经济向以智力资源作为配置主体的知识经济转变。输出农业技术如甬甜5号，宁波育种，新疆种植；输入新品种，加持市场推动，形成新产业，如象山红美人，引进国外品种，在中国市场推广，形成本地知名品牌；输出产业资本和服务，提升产业竞争力，如余姚榨菜，在重庆等地进行产业资本输出，形成区域合作，打造总部经济。

（2）从质量标准入手：建立宁波农产品标准综合体

一方面，制订多品类、全产业链的标准体系，并通过标准化示范基地落实标准。另一方面，完善农产品质量安全追溯平台，强化质量管控，保障品质。建议建设"甬源·数字乡村展示中心暨品牌展示中心"，集成物联网展

示、田间管理远程监控、加工全程监控、全程溯源防伪展示、品牌文化展示等多功能为一体，多形式展现。

（3）从人才培育提升入手：打造创新发展的农业人才梯队

聘请权威专家组成顾问团，在产业发展、技术创新、农村电商、文化建设、市场营销等方面，提供更多专业支持。

（4）从经营组织入手：培育经营销售主体，助推产品销售

一方面，培育新型农业经营平台企业。发展一批具有现代营销思维的销售企业，发挥销售优势，整合小散产品，形成农业经营平台，以品牌提升产品价值。另一方面，鼓励双创企业发展。挖掘、培育双创企业，培育壮大宁波新农人队伍。

4.倡导农旅融合，多维度推进乡村振兴

将品牌建设与乡村振兴、全域旅游结合，整合农旅资源，围绕"吃、住、游、购"等，构建"甬源"品牌体验场，促进产业融合，提高综合收益。

（1）打造"食在宁波"

发布《甬源·美食指南》。通过美食大赛、网络征集等活动，联合酒店厨师与民间美食爱好者，编制发布《美食指南》。

推出"甬源"主题宴。如发展：甬源·有机宴；甬源·养生宴；甬源·农家宴；提供文化礼仪体验。

（2）打造"住在宁波"

通过品牌化，授牌管理，对民宿、乡宿、客栈等进行星级授牌，规范经营；导入品牌，品牌民宿、乡宿等，植入品牌元素，营造品牌文化氛围，提升住宿体验。

通过文创化，开发乡情乡韵新乡宿；结合特色农业文化，如在乡宿中植入水蜜桃、杨梅文化元素，建设水蜜桃小屋、杨梅小屋等。

（3）打造"游在宁波"

依托乡村全域旅游示范区，提升乡村游。依托加工企业、主题农业基地，开发"农场游"。结合农耕文化、宗教文化、商贸文化，推进文化游。引导（手）工艺品朝生活化、时尚化方向发展。如与手工艺平台/文创公司

合作（如东家），开发市场欢迎的（手）工艺品；鼓励非遗传承人开设手工艺工作室，收徒弟、传帮带，传承发展非遗技艺。

开发民俗文艺。引导传统文化（如甬剧等）结合流行元素创作新作品，在景点表演，并让游客参与互动体验；通过文化投入+招商引资，打造宁波民俗文化的"甬源"实景演出。

（4）打造"购在宁波"

开发旅游商品，实现"土货"变"好礼"。打造宁波农礼，开发农产品文创、品牌文创产品。

丰富乡旅购物店，提升消费体验。如在旅游特产店设品牌专区、专柜，在乡村旅游点（民宿、农家乐等），设品牌展销区，在地标文化馆/匠人工作室，展销地标产品、非遗手工艺品。

5.构建品牌营销体系，全方位展示宁波农业区域公用品牌

（1）结合超级IP，做透"宁波"

一方面，依托宁波景区，打造品牌体验场，如进驻本地特产店，植入乡村旅游点，建设品牌旗舰店。另一方面，发动本地力量，让宁波人爱上宁波农产，让甬商成为品牌代言人。如占领宁波窗口，在交通要道（栎社机场、宁波高铁站等）、地标酒店、游客集散地，设品牌专区、专柜，销售"甬源"农特礼品并宣传品牌；进入宁波商旅的大型会议和活动。

（2）精耕"长三角"，叫响重点城市

以省会城市（杭、宁）+中心城市（上海）为重点，开展农产品与乡村旅游推介会，参加展销会，扩大品牌影响力；适时在上海、杭州等地建"甬源"品牌旗舰店，借商会等力量宣传，树立品牌形象，展销宁波生态农产品。

（3）发展"互联网+"，引流宁波农业区域公用品牌

搭建智慧农文旅平台，以宁波农文旅为体验场，推进"互联网+农文旅"，提升服务体验，为产品销售引流。

（4）矩阵传播，树立宁波农业区域公用品牌形象

以"低成本、高频率、立体化"为传播策略；以"品牌价值、品牌文化、发展模式"为传播内容，品牌短期可爆发，长期有影响。

通过建宁波媒体场、产品包装传播、销售渠道传播、策划宣传活动、参加重要展会、策划网络传播、组织协同传播，树立品牌形象。

策划宣传活动如：策划举办"甬源"品牌建设圆桌对话，总结"甬源"品牌建设成效、谋划下一步品牌工作重点；举办"甬源"乡村建设高峰论坛，研讨乡村建设、休闲农业发展的经验做法，发布乡村旅游报告等进行宣传。

（5）重点广告投放，强化宁波农业区域公用品牌印象

如在上海、宁波、杭州、南京重点城市投放广告。占据高铁站、机场、地铁、城市院线、高端楼宇电梯等重要位置。

（6）公关宣传，深化宁波农业区域公用品牌社会影响

在"生态文明、乡村振兴、高质量发展"等大战略背景下，打造宁波品牌建设的"另一条战线"。如邀请权威主媒如人民网、新华网、农民日报等，解读"宁波行动"，发出"宁波声音"，打造"宁波窗口"，创塑"宁波模式"。

第四章

乡村振兴背景下农村电商运营

　　农村电商通常指的就是农村电子商务。农村电子商务平台是一个综合性的信息平台，它集合了农村商贸信息与公共信息，通过信息技术以及互联网平台嫁接各种服务于农村的资源，从而助推农村的多种优质产品走出农村，迎接更加广阔的市场，同时也努力挖掘农村的发展潜力，进一步推进农村的经济建设。农村电商平台的实体终端是直接扎根于农村的，真正使"三农"服务落地，真正为农民着想，致力于使农民成为平台的最大受益者。电子商务作为推动农村经济信息化发展的重要方式，我们有必要重视其运营，全面把握农村电商平台发展的新局面。

第一节　农村电商平台的选择

一、电商平台的优劣势比较

（一）第三方电商平台

1.优势

（1）信用体系较完善，具有很高的可信度。

（2）购物流程完善。

（3）平台规模大，具有庞大的用户资源且客户购买目的性强。

（4）有自身的商城模板，可快速搭建网上门店。

（5）流量较大，有利于企业节省维护的费用和长期推广的费用。

2.劣势

（1）平台规则多，有较多限制。

（2）店面形式单一，无法突出自身的特色。

（3）第三方电商平台会收取佣金、保证金或会员费等。

（4）扩展性较低，创意想法或个性化功能不能很好地实现，必须等第三方平台推出后才能使用，否则要额外支付相关费用。

（二）自建独立电商网站

1.优势

（1）不用支付佣金等费用。

（2）网站无论是框架还是风格内容全都由自己掌控。

（3）网站空间容量不受限制，可以展示的商品的数量增加，用户体验相对更好。

（4）可拓展性高。

（5）结合自身和用户的特点，可以贴合用户使用习惯和消费习惯来提供个性化服务。

（6）运营的自主性、独立性强。

（7）在销售和服务流程中，可以采用比第三方电商平台更高标准来要求自己，提供更好的服务。

（8）通过自建电商网站，对企业的长期健康发展非常有益。

2.劣势

（1）需要购买服务器域名和软件等基础设施。

（2）初期投入较高，效果可能不会特别理想，需要花费一定的时间进行积累。

（3）建站初期可信度低。

（4）推广难度较大。

（5）如果需要自建运营维护团队需要投入较大的人力、物力成本。

二、如何选择适合自己的电商平台

选择电商平台时不要冲动与盲目，要在做好充分调研的基础上根据自身的实际情况选择适合自己的电商平台，只有适合自己的才是最好的。

（一）根据经验与实力进行选择

如果你目前缺乏相关的经验或者人力、物力、财力都不够充足，则建议你可以从第三方电子商务平台开始做起，积累了足够的经验与资金之后，可以自建网站。

如果你目前已经具有了相关的商务活动经验并且具有了一定的人力、物力、财力实力，则不妨将自建网站和平台店铺一同开起。

（二）根据供需双方身份进行选择

1.供应方

作为农产品的供应方（即交易卖家）来说，待售的农产品通常已经确定，如你种的是蔬菜，那么你就不可能卖粮食。在待售农产品已确定的前提下，建议你根据农产品的细分门类来选择网络交易平台。如果是基础性农产品，即所售农产品是粮、棉、油、糖等，建议你选择农业大类里的细分行业门户网站，如你待售的是玉米，你可以选择中国玉米信息网等玉米行业门户网站。如果是生鲜农产品，即所售农产品是水果或蔬菜等，建议你选择生鲜品电子商务平台。目前，提供此类平台服务的提供商主要有三类，具体如图4-1所示。

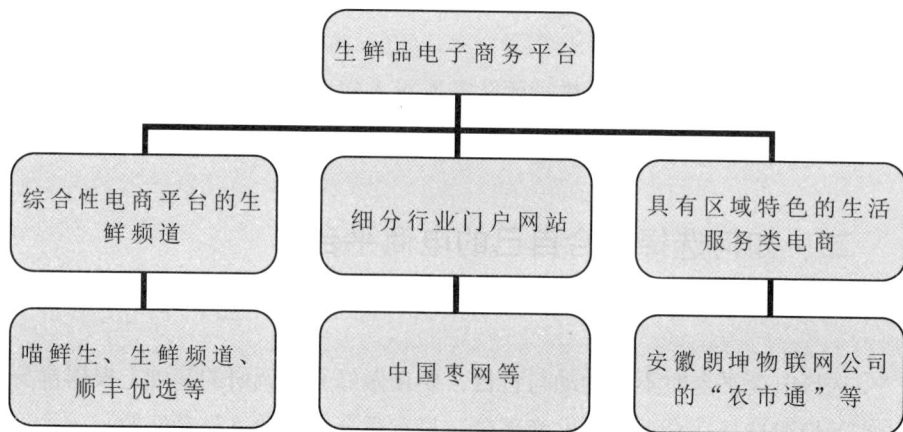

图4-1 生鲜品电子商务平台

2.需求方

如果你是农产品的需求方（即交易买家），则需根据你对农产品的用途来进行选择：如果你的采购主要用于初级农产品的再加工，你可以参考以上所述供应方的选择；如果你的购买主要用于消费，则需根据你的消费习惯及消费环境进行选择。

总之，无论你是供应方还是需求方，及时准确地获取信息，便捷互动的信息沟通均是选择电子商务平台首先需要考虑的条件。

第二节 农村电商网店的装修

一、网店装修的重要性

建立一个网店需要有自己的网店名称、独具特色的网店标识，以及有别于其他店铺的装修风格。风格一般可以指设计师在创作中的个性。由于每位设计师受到的教育不同，生活经历不同，受地域文化差异影响不同，偏好不同，店铺要售卖的东西不同，设计师在进行网店的实际装修时，在创意、造型设计等方面自然会存在差异。不同设计手法和不同设计语言的运用体现出不同的特点，构成了网上店铺独特的风格和魅力，这些风格主要体现在店铺醒目的外在的视觉形式上。既有现代风格的网店设计，追求简洁明快，体现抽象艺术的纯洁优雅之美，也有表达简约清新、充满野性、简约自然的网店设计。

一个合适且与众不同的网店装修风格可以让其在一众网店中脱颖而出。一方面，作为一个网络品牌，这样容易让消费者印象深刻，从而产生心理上的认同感；另一方面，可以作为一个企业的形象识别，让自己的店铺有别于其他竞争对手。

二、网店装修中的色彩设计

（一）色彩设计

1.色彩的特性

色彩的特性以视觉感知的形式呈现给我们的感官。就像人的感受一样，色彩也有很大的差异，色彩的特征通常是在视觉上表现出来的，如兴奋、平静、美丽、朴素、积极和消极。令人兴奋的色彩包括纯红色、橙色、黄色等暖色系；蓝色、蓝绿色、蓝紫色和其他偏冷色，给人以沉默和消极的感觉。

我们经常谈论色彩的冷暖，可以将颜色分为两类，即冷色和暖色。橙色、红色、黄色等火、血、太阳等颜色称为暖色；而像蓝天、水、月光这样的颜色是青色、蓝色，以及与蓝色一样的紫色，我们称之为冷色。但是，如果将几个颜色拼凑起来，这些暖色组由于受热程度不同，会被划分为相对偏冷的和偏暖的。

色彩的运用有时给人一种奇妙而绚丽的感觉，有时不同的组合又给人一种古朴典雅的感觉。色彩纯度高，给人一种奇妙而绚丽的感觉；色彩纯度低，则给人一种古朴典雅的感觉。从色彩亮度的角度来看，亮色令人惊艳，暗色意味着简洁。当然，色彩的具体配置需要练习才能达到最合适的需求。金色和银色的美需要通过其他色彩的配置来体现。例如，在节日舞厅的色彩设计中，可以考虑使用更多刺激、积极的色彩，色彩的纯度要高一些，然后用金银色装饰营造出一种刺激的色彩氛围。

2.色彩的环境作用

为了让我们的网店更加吸人眼球，方法之一便是借助色彩来实现。网店设计可以激活色彩的吸引力，使色彩相互对比和辉映，从而让我们感受到愉悦性。

当代色彩研究表明，现代色彩设计侧重于不同的方面——结构色彩、表现色彩。所谓结构色，必须更加注重色阶的运用，关注色彩本身在环境中的明暗度和纯度，以达到具有韵律和节奏的色彩空间结构的和谐。表现性色彩

注重色彩的运用，强调色彩的个性化和灵活运用，不受限制，或者更强调色彩的情感功能。这些部分大多是随机灵活的色彩组合，但更能体现个人性格和喜好。

随着现代色彩理论的深入研究，人们对色彩的理解不断加深，对色彩如何发挥作用的理解也日益加深，这使得色彩成为网店设计中一个非常重要的环节。因此，在设计中应多加注意色彩对人的生理和心理的影响。

3.色彩与心理

色彩对人的生理和心理的影响有很多含义，不同的人对色彩有不同的感受。我们专注于通用色彩识别。这种色彩身份的普遍意义源于生活经历和色彩引起的联想。

红色让我们想起了太阳。在太阳的帮助下，所有的生命都可以诞生。因此有抽象意义上的"尊重"和"伟大"。同样，红色可以唤起我们对鲜血和战争的联想以及恐慌和不安的感觉。红色被描述为更宽的印象色彩。因为红色系列中有很多不同的红色，大地红给人一种沉稳厚重的印象，而粉色给人一种明亮、健康、积极的感觉。这是因为红色的亮度发生了变化，其色彩组合也随之发生了变化。

黄色，就像阳光普照大地，给人温暖、明亮、活跃、兴奋的感觉；绿色是大自然的色彩，美丽而优雅，是一种非常美丽的色彩，抽象的含义有包容、大方、宁静、和平。色彩也可以传达味觉，如酸、甜、苦、辣等。在餐厅的色彩中，应考虑使用橙色、黑色、红色等。在餐厅使用色彩可以增加人们的食欲。色彩不仅有味觉，还具有让人情绪波动的特性。在一定的色彩环境下，人们会感到情绪紧张、压抑、快乐、压抑、动荡和平静。因此，在设计色彩时，可以使用更协调的色彩，在这样的色彩环境中人不会受到更多的视觉刺激，有利于休息和放松。

色彩是最感性的，也是最富变化的。色彩的巧妙运用可以达到美妙的色彩效果，为人们营造和谐舒适的视觉享受。

4.色彩设计的整体统一原则

在设计中，不同的色彩相互作用，和谐与对比是最基本的关系。配色以

色相、明度、纯度三个色彩元素为基础，使用这三个元素，遵循视觉规律，使它们紧密结合，营造统一感。但是，整体与统一要避免无聊和单调，在相对关系中寻找色彩的和谐，这种和谐和对比应该通过色彩的冷暖、光影和纯度来实现。

根据这一原则，在整体的统一中，我们在处理色彩的明暗与纯度时，还要考虑整体与局部的明暗对比。

色彩对比度是指色彩的亮度与色彩之间的距离感。如果内部色彩的反差太大，会让人感到困惑和精神上的不舒服。例如深邃的夜空，如此神秘无垠的感觉可以选用星光点缀，如果没有闪烁的星光，深邃的夜空很难让我们的心灵平静下来。同样，带有少许蓝色的暖黄色会使黄色看起来更黄，蓝色看起来更蓝。色度的魅力在于对比元素的统一与和谐，即在室内设计中，坚持小面积的对比色，大面积的则是和谐统一的色彩，可以充分展现出来色彩的魅力。

色彩的规律也是在协调中求变化，重点是整体协调。当然，内部空间的功能是不同的，每个空间都可以考虑到一个特定的操作功能，它决定了每个空间界面的主色调。

（二）网店装修的色彩设计

网店的装修和实体店的陈列是一样的。不仅配色要漂亮，还要知道不同地区展示什么产品。我们在淘宝上看到的并不是实物，而是图像、文字、颜色等信息；展示主打产品，吸引顾客点击浏览，产生购买行为，这就是店面装修的目的。店铺装修的目的主要体现在以下三点。

1.增加流量，增加销量
流量是企业生存的基础，没有流量就没有销量。店面装修布局合理、层次明显、色彩搭配美观，会给顾客带来良好的视觉效果，引发点击、浏览等多种行为。

2.让买家快速找到自己需要的产品
商店一般按照产品属性进行分类，以便消费者能够快速找到自己需要的

产品，提高用户的购物体验。

3.让销售人员清楚地了解店面的销售情况

销售人员需要随时了解店面的运营状况，而店面的装修可以极大地影响产品的转化。例如，后台数据显示用户停留时间过短，跳失率较高，这可能与产品描述未能有效突出卖点有关。

三、网店装修布局

通常，网店都由三大页面构成，分别是首页、列表页、详情页。每个大页面都由页头、页面、页尾构成。构建一个结构框架就像给顾客一个购物的地方，让顾客享受购物的乐趣，让顾客可以轻松找到符合自己需求的产品，并得到有效的推荐。

四、店铺装修常用软件

装修淘宝店需要图像处理软件，专业美工常用的软件主要是Photoshop。Photoshop是专业的图像处理软件，使用前需要系统学习。而就一些中小卖家来讲，店主可能会身兼多职，有时他们需要对产品照片或海报进行简单的更改，这时便可以用到美图秀秀和光影魔术手。这两款软件简单易学，非常适合初学者和业余爱好者。

（一）美图秀秀

美图秀秀是一款图像处理软件。与Photoshop等专业图像处理软件相比，该软件的使用和编程相对简单。美图秀秀具有照片特效、人像美化、可爱配

饰、文字模板、智能相框、魔幻场景、自由拼贴、流苏娃娃等特色功能，让用户瞬间创作出高品质的照片。

美图秀秀不仅可以裁剪产品照片，调整因光照不足或曝光过度造成的图像亮度问题，还可以设计简单的产品广告海报、标志和产品信息页面。

（二）光影魔术手

光影魔术手自2006年首次发布以来一直在不断发展，最新版本是4.4.1.304。该版本具有强大的图像调整参数。可以通过自动曝光、亮度、白平衡、色彩平衡等丰富的参数来实现图像调整。处理速度不仅快，而且效果非常好，可实现专业胶片效果。此外，光影魔术手还拥有海量相框素材，让您轻松创建个人相册。光影魔术手也具有拼图、添加水印和快速批量处理图像的功能，这为许多初学者和非专业人士提供了非常大的便利。

（三）Photoshop图像处理

Adobe Photoshop，简称PS，是由Adobe Systems开发和发行的一款图像处理软件，用于处理由像素组成的数字图像。从功能上看，PS软件包括图像合成、色彩校正和特效制作等模块。图像编辑作为图像处理的基础，可以对图像进行各种变换，如缩放、旋转、倾斜、翻转、透视等，而修补等操作也可实现颜色校准，可以轻松快速地调整和校正图像颜色，如明暗、色偏，还可以实现不同颜色之间的切换。

Photoshop可以设计店铺装修的多种素材，包括Logo、水印、招牌、海报、详情页、动态图等。与美图秀秀、光影魔术手相比，图像处理更加专业、灵活。它不仅可以对刚刚拍摄的产品照片进行编辑，而且还可以根据给定的产品照片设计令人惊叹的活动海报。

第三节　农产品的发布

一、农产品的选择

对于农产品电商来讲，首先要解决的问题就是选择好要售卖的农产品，这是十分重要的，因为选择的农产品种类不同，其定位、运输、售卖难度、利润等等都是不同的。值得注意的是，在决定售卖的农产品种类的同时要考虑是否有好的货源，毕竟有句俗话说得好，得货源者得天下，找到好货源是决定一家网店能否持续经营的根本，而所谓好货源，就是指产品具有稳定性、价格低、质量好等特点。

二、发布农产品的步骤

在电商平台上发布商品，可以通过手机、电脑等设备上架商品，从添加商品这一步骤到展示商品这一步骤，中间还涉及了一系列的实操工作，这些操作都要做到熟练掌握。需要注意的是，此后还需要对商品进行日常管理，只有这样才能为顾客打造完美的购物体验，也才能使店铺运营工作更加高效和有序。下面以微店发布农产品为例进行说明。

（一）添加自营商品

添加商品之前，需要先对其进行拍照。可以请摄影师来为自己的商品拍摄照片，也可以自己拍摄。给商品拍摄的图片经过处理后，就可以使用商品功能，添加自营商品了。具体的操作方法如下。

步骤1：登录微店—点击"商品"按钮—进入"商品管理"页面—点击左下角的"添加商品"按钮—进入"添加商品"界面—填写商品信息。

步骤2：点击"添加商品图片"按钮—选择相应图片—点击"完成"即可。当然，店主也可以选择"拍摄照片"来获取所需图片。

步骤3：在"添加图片"界面"商品图片"中长按图片拖动可以调整图片顺序。

步骤4：回到"添加商品"界面，店主需要进行商品描述。在这一栏中，需要从已添加的商品中提炼出卖点，即商品的特点。描述商品时，文字要通俗易懂，简单明了。同时，店主要将商品的相关信息准确地描述出来。另外，店主还可以在商品描述中加入一些关键词，比如绿色水果、鲜摘鲜发等。商品描述的前20个字非常重要，因为这些文字和生图会在微店首页直接显示。以柚子为例，可以这样写：

"柚儿圆，圆又圆，无公害平和琯溪蜜柚（包邮）。"

产地：福建平和。

特点：酸甜可口，汁多鲜美。

物流：福建漳州产地直发，全国包邮。

品种：平和琯溪蜜柚。

商品规格：2个约5斤装。

包装：人工挑选、精美硬纸盒包装。

输入完商品描述，店主需要输入商品价格和库存数量。填写商品价格前，需要对商品进行定价，而且这个价格必须是合理的。定好价格后，就可以设置价格了，商品价格可以具体到分。

温馨提示：

店主设置库存数量时，建议比实际的库存多一两件，因为买家只要提交订单，哪怕没有付款，库存也会相应减少，会影响其他买家的购买。

步骤5：在"添加商品"界面中，点击红色加号"添加商品型号"按钮，这时会再出现一个填写商品型号的界面。

温馨提示：

对于型号不同但价格相同的产品，建议店主在产品描述中说清楚，因为买家在微店中选择型号比较困难。如果一个产品不同的型号价格不同，则每个型号可以被视为一个单独的产品。

添加完所有产品型号后，点击右上角"完成"。至此，店主已成功添加商品。添加商品后，店主还可以进入商店的"管理商品"界面，点击"预览"按钮查看已添加商品的详细信息。

编辑产品时，可以启用商店经理推荐功能。顾客一进店，首先看到的就是"店主推荐"和"热销商品"两个主要商品板块。所有提交的产品默认被归类为"热销商品"，但"店主推荐"是需要由卖家自己设置的。

（二）添加代理商品

如果店主没有货源，也可以代理销售他人的商品。代理销售他人的商品，如何添加商品呢？具体操作方法如下：

步骤1：打开微店—滑屏到微店首页第二页—点击"货源"—进入货源页面—在搜索栏搜索想要的货源，或在"易成交爆款""拼团代理"处进行选择。比如：在"易成交爆款"里，可以看到多款爆款商品，店主可以根据商品类型、款式、受欢迎程度、售价、代理利润等选择商品，然后直接点击该商品进入商品页面。

步骤2：在该件商品页面中，可以直接点击按键"我要代理"—点击"去我的店买"就可以在自己的店铺中查看该商品了。

以上是添加代理商品的基本流程。不难看出，与自营商品相比，代理他人商品时，店主添加商品更简单、更快捷。并且微店系统非常智能，整个交易过程店主只需要负责推广（多渠道分享），收钱、备货、发货、结算、售后等诸多事项供应商会帮你一并解决。

第四节 店铺推广与运营

一、店铺推广

推广工作会或多或少地影响到店铺的生意，有价值的店铺推广可以为店铺带来更多顾客，并且能够有效地提升店铺的流量和转化率。我们以淘宝店铺为例，对店铺推广方式进行分析。

就淘宝店铺而言，从费用角度划分，店铺推广可以分为免费和付费两种方式。具体如图4-2所示。

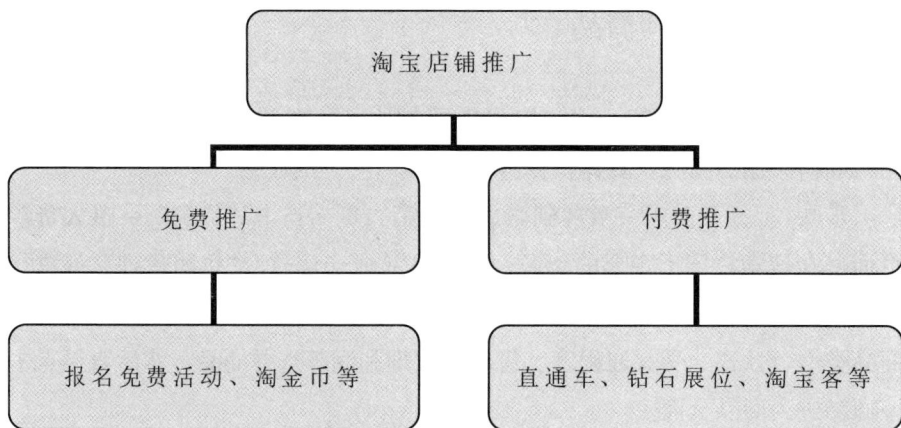

```
          ┌──────────────────────┐
          │     淘宝店铺推广        │
          └──────────────────────┘
           ┌──────────┴──────────┐
  ┌─────────────────┐    ┌─────────────────┐
  │    免费推广      │    │    付费推广      │
  └─────────────────┘    └─────────────────┘
           │                      │
  ┌─────────────────┐    ┌──────────────────────┐
  │ 报名免费活动、淘金币等 │  │ 直通车、钻石展位、淘宝客等 │
  └─────────────────┘    └──────────────────────┘
```

图4-2 淘宝店铺推广方式

（一）店铺免费推广

店铺免费推广方式有很多，报名参加淘宝发起的免费活动、领取淘金币、微淘推广、举办店庆活动等都属于免费推广的范畴。在这里主要介绍如

何领取淘金币和做微淘推广。

1.淘金币

淘金币是淘宝网的虚拟积分，它是买家赚金币、享受折扣的平台，买家可以通过完成任务、购买产品等方式赢取淘金币。在淘金币平台上，买家能够兑换、竞拍到全网品牌折扣商品，也可以兑换、抽奖得到免费的商品或者现金红包，并可以进行线上线下商家的积分兑换。

2.微淘推广

微淘是手机淘宝的重要变形产品之一，定位是基于移动消费领域的入口，在消费者生活细分领域，为其提供方便快捷省钱的手机购物服务。

（二）店铺付费推广

1.淘宝直通车

淘宝直通车是为卖家量身定制的付费推广工具，以实现精准推广为目的。它是由阿里巴巴集团下的雅虎中国和淘宝网进行资源整合，推出的一种全新的搜索竞价模式，是目前唯一适合各级别卖家使用的推广工具，可以在店铺不同规模的经营阶段都采用直通车推广，具有投入费用控制灵活，效果明显的优势，是目前淘宝网推广效果不错的付费推广工具。

2.淘宝客推广

淘宝客是一种按成交计费的推广模式，也指通过推广赚取收益的一类人。淘宝客只要从淘宝客推广专区获取商品代码，任何买家经过淘宝客的推广（链接、个人网站、博客或者社区发的帖子）进入淘宝卖家店铺完成购买后，就可得到由卖家支付的佣金。

二、店铺运营

（一）合理安排宝贝上下架时间

大家都知道，超市的商品陈列是很有技巧的。在淘宝开店，宝贝上架的时机选择同样很有技巧。

宝贝上下架时间是宝贝上架时间跟下架时间的统称，淘宝宝贝上下架时间是影响搜索排名的重要因素之一，实际上可以理解为发布宝贝的时间会影响宝贝下架的时间。宝贝上下架周期为7天，上架日或下架日，即每7天我们的宝贝才有一次拿到下架流量的机会。宝贝上下架时间直接影响宝贝在淘宝搜索的权重，也就是说，越接近下架时间的宝贝权重越高，排名也会越靠前。

（二）利用第三方软件调整上下架时间

步骤一：用上架调整软件，把宝贝平均分配到一周七天，每天8点~24点上架。这是为了测试每天8~24点在上下架宝贝数量相同的情况下，哪个时间能带来更多的IP及PV。而凌晨到早上8点这段时间IP基本可以忽略，所以这段时间不用测试。

步骤二：软件将在七天内调整完毕，因此我们从生意参谋数据分析工具中截取第8~14天各时段的IP及PV数据进行分析。

步骤三：从分析结果中，得知宝贝在哪些时段上架会获得更多流量及页面浏览量，从而指导我们制定宝贝一周上架各时段分配数量的计划。

步骤四：用软件来调整该上架计划，等待流量上升的好消息。

温馨提示：

根据经验，热销商品一定要选择在黄金时段内上架。在具体操作中，可以从11：00~16：00，19：00~23：00，每隔半小时左右发布一个新商品。此外，上下架时间不要轻易改动，这样会影响下架时间权重，对排名有影响。因为在很多类目里，下架时间是影响排名的一个很重要因素。在下架前几小

时内，宝贝的浏览量很好。因此，如果要优化宝贝上下架时间，也一定要在上架之前完成。

三、农村电商创新运营模式探索

（一）创新运营模式

创新"两线"专有平台，"一线"串联农民农村农业，农民通过学习电商运营的方式，参与到机构运营中，实现农业创收；"一线"发展电商平台与机构管理，打造各地特色农业品牌，政企帮扶帮销。开发线上平台，让技术指导小组培训农户电商运营知识，为"两线"方案运行提供技术保障。

建立农村站点，填补县级以下物流缺口，增强冷链技术，提高配送效率，实现城乡配送"最初一公里"的"微循环"。集中产品，集中运输，与电商平台合作，实现"现摘快达"。加强与农民利益的联系。实行股份制，以"切实保障农民利益"为出发点，增强农民积极参与的欲望。

（二）创新原则

1.快速交货原则

寻找最佳运输路线，最大限度地提高物流的速度和灵活性。加强农产品"原仓+冷链"建设，在农产品集中地建设农产品供应库。农产品生产完成或出库后，直接进入仓库。整合产品、集中运输，与电商平台合作，实现"现摘快达"，保障农产品及时供应。

2.品牌差异化原则

在农产品同质化严重的情况下，互联网平台上地标性农产品的营销视频广告不计其数，但几乎都采用相同的模板。就橙子而言，大多数互联网营销视频都关注橙子切开后流出的浓稠果汁。但无论橙子的产地和品种如何，这

种营销方式都会导致消费者审美疲劳，导致无法区分产品间的差异。

要明确产品定位，体现品牌独特性，增加品牌价值，创造品牌优势，创造良好口碑。

（1）原产地价值

根据原产地价值实施原产地包装，利用特定的地理和文化习俗来增加产品销量。说起新疆的特产，人们首先想到的就是大枣（图4-3）、葡萄等，说起东北特产，人们首先想到的就是大米，说起天津特产，人们首先想到的就是麻花（图4-4）。

（2）软文化价值

品牌打造带着温度和情感的独特产品。为品牌讲述一个动人的故事，将其与农产品绑定，形成属于品牌的独特文化。

（3）高标准价值

严格控制产品质量，使产品尽可能标准化、流程化。同时，加强宣传力度，利用微博、直播平台等社交媒体，让消费者最直观地了解农产品从生长环境、采集到包装的全过程，以提高产品的相关信息透明度，让消费者信赖与放心。品牌价值的背后，我们更加注重产品的高效、安全、健康，以此赢得大批忠实客户。

图4-3　新疆大枣

图4-4　天津麻花

第五章

乡村振兴背景下农产品电商平台及系统

　　随着我国经济的发展以及技术的进步，农业走上了产业化的发展道路，农村地区孕育出了大量并且十分优质的各种农产品，需要积极寻求更加广阔的农产品市场。然而，由于信息闭塞、交通不够畅通等一系列现实因素的阻碍，很多特色农产品不能及时进入大市场，只能局限在产地，导致生产与销售脱节，农民增收困难重重。为了改善这种情况，乡村振兴战略中提出的"城乡一体""一二三产业"融合发展等政策为农村电商发展指明了方向。在政策的利好背景下，各地政府都纷纷因地制宜开展农村地区电商建设，农村电商迎来了一个崭新的发展时期。

第一节　农产品电商平台及农产品市场

一、农产品市场

　　就我国的农产品市场来讲，是一个完全竞争市场，农产品市场的主体即为一个个农户主。通常情况下，作为农产品市场主体的农户主习惯于以家庭为农产品生产单位，所以具有生产规模相对较小、集约化程度相对较低等特点。农产主生产的农产品包括蔬菜、水稻、玉米等等，图5-1至图5-10为一些农产品以及农村集市。

图5-1　萝卜

图5-2　西红柿

图5-3　胡萝卜

图5-3　玉米

图5-5　水稻

图5-6　五谷杂粮

图5-7　葡萄

图5-8　干果

图5-9　农贸市场摊位

图5-10　农村集市

农产品的价格一般是由市场的供求关系决定的，生产与经营的农户主虽然是农产品市场的主体，但是他们最多只能根据市场价格来选择生产的农产品的品种与调整生产的农产品的数量。他们往往不具备农产品定价能力，只能作为市场农产品价格的被动接受者。

我们都知道，农产品的生产周期是漫长的，在生产的种类与规模确定之后，农户无法根据市场对农产品需求的变化而随时调整生产的农产品的种类与规模，直至该农产品生产过程的全部完成，也正因为这样，市场价格的变动影响的往往是下一期农产品的生产规模，农户会根据上期的价格水平确定当期的生产规模，一旦价格发生波动，生产规模也会随之调整。由此我们可以知道，总体而言，农产品供给是不确定的，是十分富有弹性的。即本期的商品供给量取决于上一期的价格水平，而本期价格又取决于本期商品的供求关系。但是，从另一个角度来讲，农产品作为人们的生活必需品，人们对其的需求又是相对稳定性的。

通过以上分析，我们可以得出以下结论：对于农产品来讲，其供给是富有弹性的，其需求是相对稳定的，供给弹性大于需求弹性，农产品的价格呈现发散型的动态波动趋势，一旦有自然灾害等意外发生扰乱市场均衡，农产品价格的波动频率就会越来越频繁，波动幅度也会越来越大，反复打击农产品生产者的积极性。农产品市场价格的剧烈波动会严重威胁到农业的发展。因此，对我国农产品市场进行现代化、规范化整合是十分必要的，而有效方法之一就是充分发挥电子商务平台的作用。

二、农产品电商平台

（一）电商平台与企业自建电商网站

涉农企业有两种在网上销售自有产品的方式。第一种方式是在电子商务平台上注册会员，然后通过在平台上面开设店铺，售卖产品；第二种方式是建设企业自己的电子商务网站，自立门户。

1.电商平台

电子商务平台即买卖双方以外的第三方平台，主要为买卖双方提供网上交易等服务。电子商务平台可以有效协调、整合信息流、资金流等，企业商家可充分利用电子商务平台提供的网络支付平台、管理平台等安全、高效、低成本地开展自己的业务。

2.企业自建电商网站

企业电子商务网站主要面向供应商、客户等供应链上各节点单位，以提供某种直属于企业业务范围的服务或交易，或者为业务服务的服务或者交易为主。

（二）农产品电商平台的功能

农产品电商平台包括两个基本功能，具体如图5-11所示。

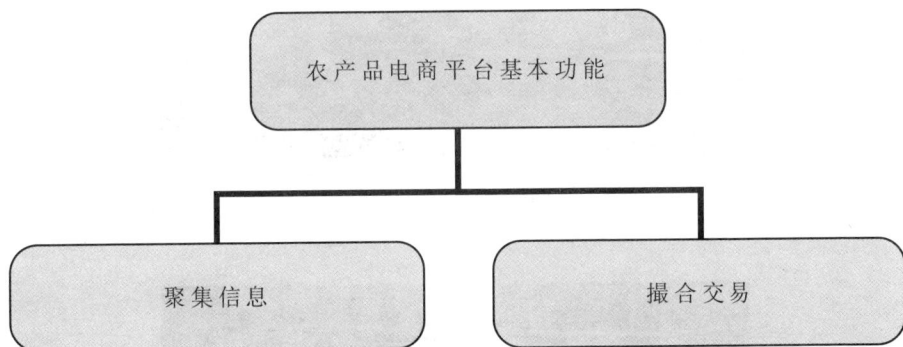

图5-11　农产品电商平台基本功能

1.农产品电商平台具有聚集信息的功能

农产品电商平台可以利用信息网络技术给大众提供农产品信息，人们可以对农产品从生产到售卖的各个环节进行实时跟踪，有利于在消费者心中建立起安全信誉，也更能确证优质农产品的价值，图5-12至图5-18为猪肉从生产加工到售卖的过程。

图5-12　屠宰场准备加工的猪肉胴体

图5-13　处理猪肉

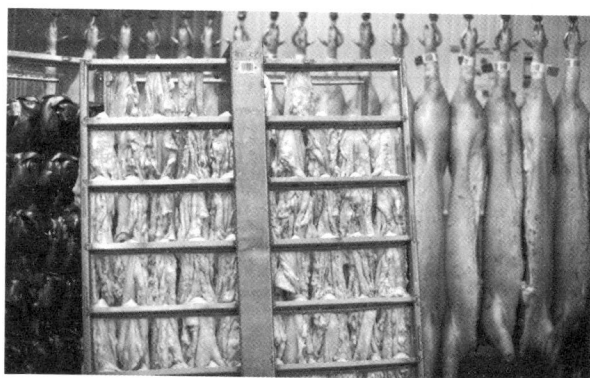

图5-14　处理好的猪肉

图5-15　猪肉加工

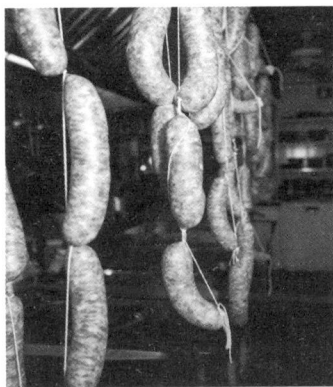

图5-16　猪的加工及其转化成肉类香肠

图5-17　在超市售卖肉制品

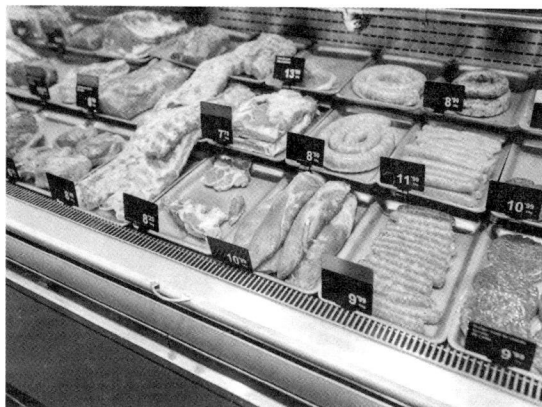

图5-18 超市展示肉类柜台

农产品网上交易平台可以借助信息网络技术，为社会公众提供农产品信息。人们可以对农产品从生产到销售进行实时跟踪，从而在消费者心中树立起安全的、值得信赖的良好口碑，可以更好地强化优质农产品的价值。

以生猪市场电商平台整合为例：通过网络平台和信息化技术，将生猪养殖、加工以及猪肉批发等不同环节的信息上传到网络，可以实现对生猪产业链各环节的实时监控，实现全过程有效监管，实现信息和资源共享，生猪生产监管、检疫等机构可通过信息平台直接监管猪的生产、加工、市场准入、质量安全，并在信息平台上同步发布最新信息，有效缓解生猪产业链各环节的信息不对称问题，帮助各环节的市场主体如养猪者、加工公司等根据真实情况做出理性的决策，有利于维持市场的稳定，增强应对突发性因素带来的市场风险的能力。还有助于消费者通过网络搜索查询猪肉加工产品的质量，追溯产品来源或通过互联网形成对猪肉疾病的正确认识。此外，电商平台生猪交易市场的推出，也有助于缓解目前生猪交易的区域分割，打破生猪产业链在运输、屠宰等环节的垄断，逐步形成国内市场统一价格。

2.农产品电商平台具有撮合交易的功能

农产品电子商务平台就像一个网上虚拟市场，它除了可以在网上为大家提供农产品的各种信息之外，还提供在线购买服务，甚至可以形成一个网上集市，不论是对于售卖方，还是对于消费者，都提供了很大的便利。

基于电商平台所形成的"电子市场"是非常典型的双边市场，即平台同时为交易双方提供信息，交易双方通过平台完成交易。当然，平台在为双方提供服务与便利的同时也会收取一定的费用，而平台具体选择哪种收费方式取决于平台运营商的定位。不过，最常用的收费方式分为以下两种：（1）平台只对其中一方收费而对另一方不收费；（2）平台对买卖双方都不收费，而向第三方例如赞助商、广告商等收取费用。

（三）农产品电商平台促进特色农产品走向"品牌化"发展路线

进入21世纪的第二个10年里，全球化与国际化市场竞争依旧激烈，现今社会农产品的市场竞争已由价格竞争、质量竞争和服务竞争逐渐转向了品牌竞争，品牌成为现代市场竞争中最为成功的利器之一。果蔬产品作为世界上仅次于粮食的农产品，果蔬品牌建设在发展农业经济与深化新农村建设中发挥着重要作用，农产品电商平台也大大促进特色农产品走向"品牌化"发展路线。随着农产品短缺时代的终结与市场经济的纵深发展，果蔬业的品牌时代已经来临，中国"三农"问题的品牌解码正在逐步形成。

我国是世界上最大的果蔬生产国和果蔬品加工基地，也是最大的果蔬消费国，果蔬加工品出口占农产品出口总量的1/4，是我国创汇农业的重要组成部分，脱水、速冻果蔬、果蔬汁和果蔬罐头等在国际市场有较大优势。

图5-19　果蔬汁

图5-20　果蔬罐头

当前中国各地果蔬品牌创建发展的规划陆续出台，果蔬品牌传播推广的活动风起云涌。随着中国果蔬产区的探索与创新，果蔬品牌在市场竞争中的作用日益显著，农业多功能拓展与果蔬品牌建设的良性互动日臻成熟，发展创建以符号传播、关系融合、价值彰显为特征的新型农业品牌经济，已成诸多中国果蔬产区的共识。

1.果蔬消费市场显著升级

第一，果蔬消费需求结构层次呈现高级化与多元化。随着新农村建设的推进，农民收入的提高及城镇化步伐的加快，城乡果蔬消费的高级化趋势显现，即消费者对果蔬产品的需求不只是简单地追求数量，高质量的安全、营养、保健果蔬产品的需求将大幅增长，更关注果蔬产品的品牌附加值，有机蔬菜、天然绿色果品越来越受消费者的欢迎，图5-21至图5-27为现代化种植基地或现代农业种植大棚。同时，消费者面对日益丰富多样的果蔬品类，不只钟情于单一品类产品，在果蔬产品的选择上喜欢尝鲜和创新，消费需求呈现多元化特征。

第二，果蔬消费需求形式呈现感性化和体验化。随着我国城乡居民生活水平不断提高，同质化果蔬产品的需求增长逐步放缓，差异化的果蔬品牌需求高速增长。同时，果蔬品牌延伸的关联产业大行其道，以新自然主义为主张的体验消费日渐兴起。乡村的自然空间和果蔬采摘体验正在成为一个巨大的消费市场，它越来越成为旅游休闲、体验探索的理想场所。

图5-21　科技农业培育

图5-22　科技农业培育

图5-23　现代农业种植大棚

图5-24　现代化种植基地

图5-25　现代化科技农业

图5-26　现代种植园

图5-27　草莓大棚

　　第三，城乡果蔬消费的差异化。国家统计局数据显示，2018年全国居民人均干鲜瓜果类消费量为52.1千克，其中城镇居民人均消费量为62千克，农村居民人均消费量为39.9千克；2019年全国居民人均干鲜瓜果类消费量为56.4千克，其中城镇居民人均消费量为66.8千克，农村居民人均消费量为43.3千克；2020年全国居民人均干鲜瓜果类消费量为56.3千克，其中城镇居民人均消费量为65.9千克，农村居民人均消费量为43.8千克。由以上数据可知，城镇居民家庭平均每人全年购买的水果数量与农村相比，差异显著。

2.果蔬生产供给格局悄然转化

　　一方面，我国果蔬产品总量供应相对充裕，品类选择丰富，并且已由生产的量的提升逐步转变到质的飞跃。我国是果蔬生产大国，栽培历史悠久，地域辽阔，种质资源丰富，是世界上多种果蔬的发源地，堪称"世界园林之母"。1995年，果园面积8098千公顷，2009年，上升到11140千公顷，到了2020年，从水果种植面积分布情况来看，我国水果种植面积第一，为12646.3千公顷，占世界总种植面积的19.5%。1995年全国水果产量3499.82万吨，2009年已达到20395.51万吨，到了2020年，从产量地区分布情况来看，和种植面积类似，我国水果产量也位居第一，为28692.4万吨。自1993年水果产量跃居世界首位以来，我国已连续多年稳居世界第一水果生产国的

位置。

另一方面，近十多年来，我国主要果蔬产品，尤其是水果产品，长期短缺的状况发生了根本性变化，逐步转变为总量基本平衡、丰年有余，买方处于主动地位，有了更多选择的主动权，甚至出现了结构性、区域性的过剩现象，果蔬产品难卖和供不应求现象同时存在。

3.新型农业的发展为果蔬品牌建设提供广阔的空间

随着农业科学技术的不断发展和各地政府扶持力度持续加大，农业多功能化的推进，新兴的农业生产形式不断涌现，如绿色农业、观光农业、生态农业、循环农业等。2021年，农业农村部发展规划司、财政部农业农村局、国家发展改革委农村经济司发布了"创建农业现代化示范区名单（第一批）"。名单经县级政府申请、省级部门择优遴选、专家书面评审等程序后发布，第一批共计评选出北京市平谷区等100个地区。按省份分，山东省的农业现代化示范区最多，为10个，其次是河北省、河南省、龙江、吉林省、江苏省和内蒙古，为8个。新型农业以满足消费者个性、高端、新颖等需求为特点，成为现代果蔬品牌建设的稳固阵地。

4.我国果蔬品牌建设策略

第一，以战略远见构筑果蔬品牌发展未来。从果蔬产业链的初始环节逐步渗透至全部产业链，占领产业链关键的高附加值环节，重点发展技术含量高、市场潜力大的品牌产品和企业，支持有条件的企业争创国家、省知名品牌，提高企业和产品在国内外的知名度和美誉度，实现品牌发展的纵向一体化。以品牌共享为基础，支持产业集群，大力培育区域公用品牌，进而联动三次产业，构建果蔬初级产品、精深加工产品、休闲农业旅游等品牌融合发展的一体化格局。

第二，以果蔬区域公用品牌驱动果蔬经济发展。江西赣南脐橙（图5-28、图5-29）、安徽砀山酥梨、新疆哈密瓜（图5-30、图5-31）、山东金乡大蒜（图5-32）、浙江建德草莓、陕西洛川苹果（图5-33至图5-35）、富县红苹果……由于地域优势，果蔬产品品质优良，通过消费者认可，口口相传，从而形成了现有的区域公用品牌。今天的中国果蔬区域公用品牌是果蔬

品牌主力，在很大程度上占领着消费者的心智资源，并影响着消费者的品牌选择，其地位在相当长一段时期内十分稳固。充分发掘果蔬区域公用品牌资源，可成为发展品牌经济的有力引擎。

图5-28　江西赣南脐橙（1）

图5-29　江西赣南脐橙（2）

图5-30　新疆哈密瓜

图5-31　哈密瓜

图5-32　金乡紫皮独头蒜

图5-33　陕西洛川苹果

图5-34　富县红苹果

图5-35　苹果树

　　第三，以差异化定位放眼不同区域市场。差异化定位是为了让消费者清晰地识别、记住品牌的特征及品牌的核心价值。在产品开发、包装设计、广告传播等方面都要围绕品牌定位去做。首先，通过系统的市场调查，研究目标消费人群对果蔬产品的品牌认知、消费能力和偏好习惯等信息，完善品牌形象体系、设计品牌传播口号，挖掘独特的记忆点，注入品牌诉求和区域文化精神，使品牌与消费者产生共鸣，在目标人群心中构建品牌差异化，为开

展品牌攻势奠定扎实基础。其次，选择进入与竞争对手不同的差异化市场，深入挖掘市场空白，依据竞争形势锁定关键的消费群体，尤其要抓住三四线市场的果蔬消费增长机会，针对需求开发适销对路的产品，以精准定位助力果蔬品牌竞争力的提升。

第四，以成套符号体系匹配品牌传播系统。深入挖掘果蔬品牌相关资源，以构筑独特的品牌形象体系为先导，借助策划创意、媒体传播、包装设计、终端服务等多种方式，通过符号传播，让品牌深入人心。通过语言文字符号的精心使用，或提炼品牌文化精华，或倡导时尚生活方式，或突显消费者利益，成功搭建与品牌目标人群间的沟通桥梁；通过视觉形象符号的反复应用，以反复出现的颜色、字体、图案、造型等视觉形象符号，向消费者传输信息，引发品牌的联想，促使形成品牌好感，帮助识别记忆；通过热点事件符号的巧妙运用，在社会和行业中热点事件风行时，借助新闻热点事件的符号化特征传播品牌，以四两拨千斤，迅速建立良好品牌形象。

第五，以综合保护机制确保果蔬品牌持续发展。政府农口部门会同工商局、质监局及有关协会，加强果蔬品牌跨区域保护工作的分工协调，逐步建立跨区域打击假冒伪劣联合应对机制；研究借鉴国外品牌保护的优秀经验，加强对商标境外注册、使用和保护情况的跟踪。同时加强对果蔬品种资源、文化资源的保护，处理好资源开发与资源保护的关系，合理地适度开发，确保资源长期利用和高效利用，加强环境保护，避免因环境污染而毁坏果蔬品牌持续发展的有机环境。

第六，以多层次渠道策略完善品牌市场体系。我国巨大的果蔬消费市场，消费习惯迥异，区域特征鲜明，需要制订针对性的渠道策略，应该着眼重点消费区域市场、打造样板市场、实施精细化渠道管理。在传统果蔬产品及加工品分销渠道基础上，加强特殊渠道的开发，满足日益个性化的顾客需求。

第七，以新兴网络媒体快速塑造果蔬品牌口碑。通过在互联网上倾听、接触和与果蔬品牌的目标群进行互动，并对收到的产品负面信息作出迅速反应，形成良好品牌口碑，甚至扩大达成产品销售。如近期的四川盐边县农民"微博卖瓜"现象，整个事件从发生到结束仅耗时7天，体现了电子商务易进门、低成本、高效率的固有优势。

第二节　农产品电商平台的构建

一、农产品电子商务平台建设基本原则

（一）满足农户需求

要想建设好农产品网站，要深入了解农户的需求，对相关农产品企业进行调研，并站在客户的角度进行分析和策划。认真分析客户需要什么，网站能帮到他们什么；客户希望网站与他们建立什么样的关系；客户实际为哪些产品和服务付费。只有对这些问题都深入了解后，才能更有效地吸引农民和相关企业加入并最终推动网站盈利。

（二）网店操作方便，农产品可追溯

网站的栏目要齐全，信息的分类要清楚明了。品种、数量、价格、质量、产地等农产品的信息应该实时发布和更新，形成完整的农产品信息发布体系。利用电子商务进行营销，消费者通过互联网下单，每笔订单都有编码和产品溯源，农产品通过在线物流直接送到消费者手中。大众以及相关机构可以对农产品的生产、流通、销售等各个环节进行监控，如果出现农产品安全问题，可以及时发现相关环节并追究责任。

（三）农产品品牌化、标准化建设，有利于打造优质农产品形象

农产品品牌化和标准化，不仅提升了农产品形象，还规范了农产品乱种乱卖行为，促进了农产品电子化交易。一方面，实施农产品地理标志品牌化制度建设，另一方面，建设绿色鲜活农产品认证等标准化体系，使品种农产品从种植到包装逐步实现标准化。为适应激烈的竞争，在制定和实施农产品加工、包装、检验和分类标准时，必须遵循择优统一的原则，注重农产品的质量和外观。

二、农业电子商务平台构建方案

（一）打造农产品电商平台

农业电商平台大致可以分为三类：第一类是政府农业网站，起到宏观引导作用。这类网站主要是进行农业信息服务和管理。第二类是民间组织的农业信息中介网站，其特点是提供全面的农业信息。第三类是农产品直销网站，是农产品电子商务的最终形态，这类网站的特点是可以提供农产品网上订购和网上支付的服务。

（二）加快软件服务平台建设

重点扶持一批综合性农业网站——集农业信息资源和网上购物等多种服务于一体、信息全面、功能高效的大型综合性农业网站；适应网络经济和农产品电子贸易时代的趋势，要大力发展适合我国国情的农产品电子交易平台，以促进农产品的生产与流通。

（三）扩大在线活动的客户群

加强电子商务相关信息宣传教育，使农民更加相信农产品电子商务平台。通过组织形式多样、形象生动、图文并茂的电子商务科技宣传培训，普及电子商务的应用方法和注意事项，扩大农村居民对电子商务的认识。此外，网上交易的安全性、商品质量、支付配送等问题是大多数人关心的问题，政府应通过立法和执法机构加以规范，以降低风险。

三、农产品电商平台

涉及农产品的电商平台有多种，既有专门性的，又有综合性的，具体如图5-36所示。

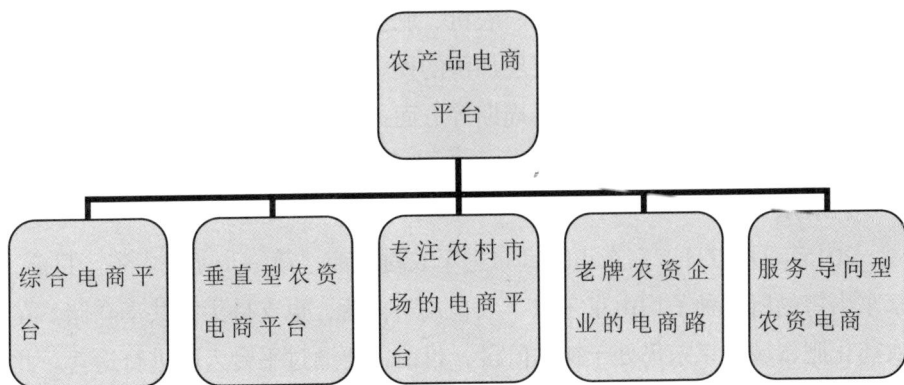

图5-36 农产品电商平台

（一）综合电商平台

以阿里、京东、拼多多为代表，此类模式以综合性电商平台（图5-37）为依托，凭借自身的超级互联网入口地位，涉足农产品电商业务。

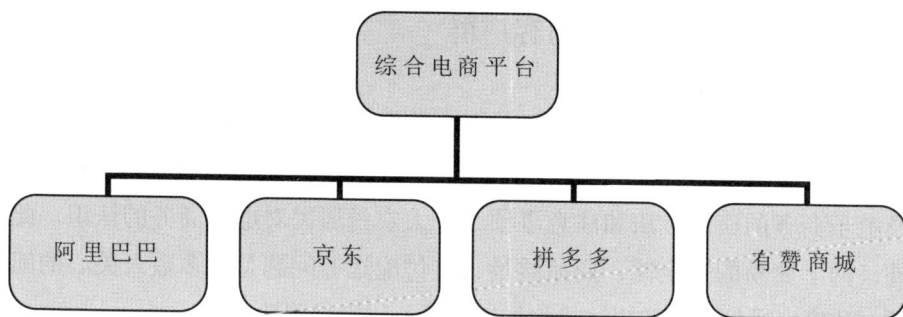

图5-37　综合电商平台

1.阿里巴巴

淘宝网拥有近5亿的注册用户数，每天有超过6000万的固定访客，是国内最大的电商平台，也是人们网络购物的首选平台之一。入驻淘宝的流程也十分简单，只需缴纳1000元保证金就可以，门槛低。入驻完成后，就可以在上面上传商品图片和介绍了，建议可以参考同类产品的商家店铺是怎么做的，农产品包装可以去1688上买或定制，快递则要自己去联系；淘宝上线农产品频道，涵盖了从种子、农药、农机、肥料、兽药、饲料等农资产品，致力于改造农资行业多级经销商层层加价的模式，产品从厂商直接供货，同时从准入机制、店铺保障金、售后周期等方面提高保障能力。

2.京东

2015年7月17日，京东正式宣布进军农村电商，第一步便是农资。目前，京东出售的所有种子均由京东以"入仓式"自营，也支持买家共享仓储。在农药化肥领域，京东仍处于探索阶段，目前主要通过平台入驻进行运营。此外，京东还计划在乡镇推出移动仓，提供线下订单处理和现场送货服务。

3.拼多多

拼多多是电商里兴起的新贵，尤其是在农产品电商领域，已有不少商家入驻。这里的商品非常便宜，通过社交裂变的形式，实现薄利多销，对于一些滞销产品的销售效果很好。入驻需要10000元保证金。

4.有赞商城

大量公司都上线了有赞的小程序，另外有赞也有类似阿里巴巴的供货平台，缴纳5000元保证金就可以入驻，在这里你可以寻找大量有赞商家分销你的农产品，包括对接一些大的自媒体资源等。

（二）垂直型农资电商平台

该类电商平台专注于农资领域，目标客户明确，能轻易实现同类产品之间的比价、比货功能，注重客户服务，主要由农资生产商、供应商入驻，面向各类农业经营主体。

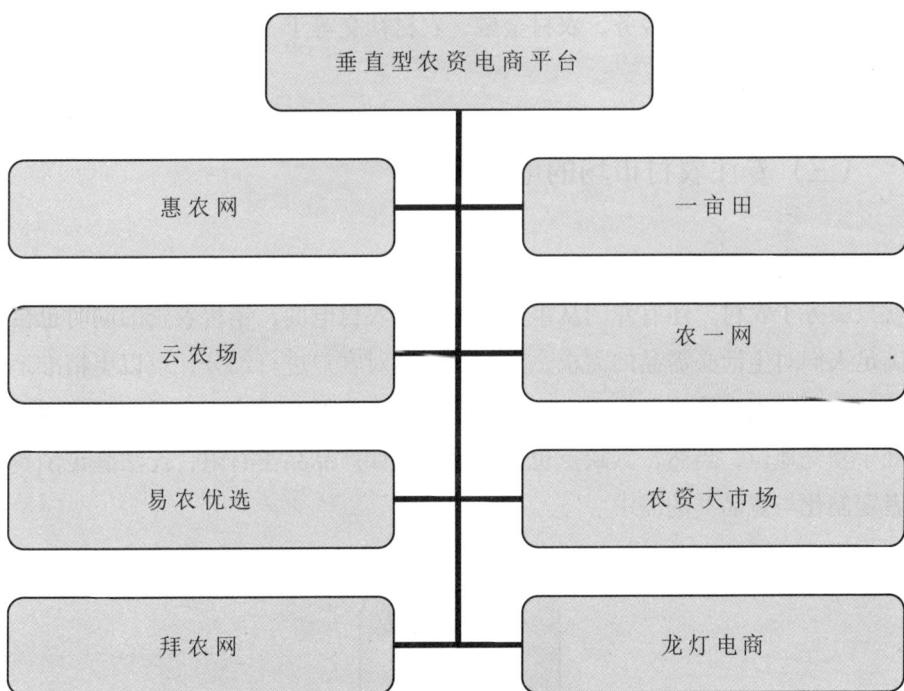

图5-38　垂直型农资电商平台

1.惠农网

惠农是一个典型的农产品电商交易平台，你只需注册登录，上传自己的

农产品，等待客户咨询和购买就可以。惠农里拥有全国各地的农产品信息，而且几乎全是产地供货，价格非常低廉，卖货买货都是非常好的，可以帮你发现许多商机。

2.一亩田

和惠农网差不多，但是种类更丰富些，几乎是个大杂烩，天南海北，各地的农产品都可以在这里交易。

3.云农场

利用电子商务模式，农民可以直接向生产者购买农资（化肥、种子、农药等），并提供农业相关的技术服务。目前，云农场已发展成为集农村电商、农村物流、农业技术服务、农村金融、农村社交等于一体的综合性农资服务平台。

（三）专注农村市场的电商平台

除了开拓农村电商市场的综合电商平台外，还有一类农村电商从一开始就只服务于农村。还有专门从事区域电商的农村电商，销售农资的同时也会满足人们对生活必需品的需求。它的优点是对客户进行细分，可以更精准地了解客户的用户体验和需求。区域电子商务在降低交易成本和减少库存方面处于领先地位，当然，其缺点也很明显，比如产品品类有限，无法满足消费者定制化与宽品类的需求。

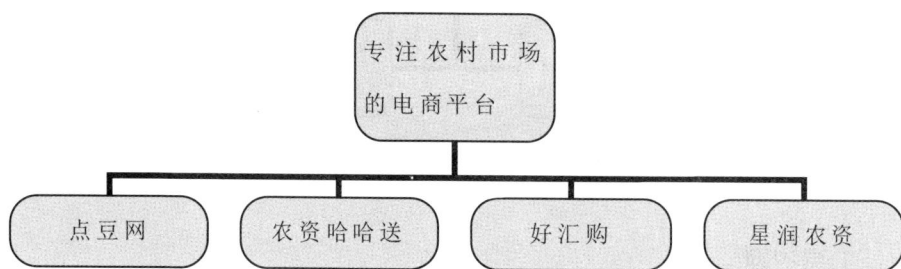

图5-39　专注农村市场的电商平台

1.点豆网

点豆网于2015年5月21日正式上线，首期投资20亿元，覆盖山东、海南、新疆等100个县。其平台主要整合农资（农药、化肥、种子、农机、生活必需品等）、农村物流、农村金融等农业产业链，货物直达农户。

2.农资哈哈送

2014年推出，目标是建立针对河南、河北、安徽、山东等省的农村地区的农资及生活用品的综合性大型采购平台，在县城设立代购店，在村级设置代购员。

（四）老牌农资企业的电商路

面对电商浪潮，传统农资企业纷纷采取积极举措。"互联网+"为传统农资企业提供了得天独厚的优势，其成熟的物流、营销体系、品牌美誉度、服务体系以及对消费者需求的长期了解是非农资电商无法比拟的。对于大多数农产品企业来说，电子商务实际上是对传统分销渠道的改进。

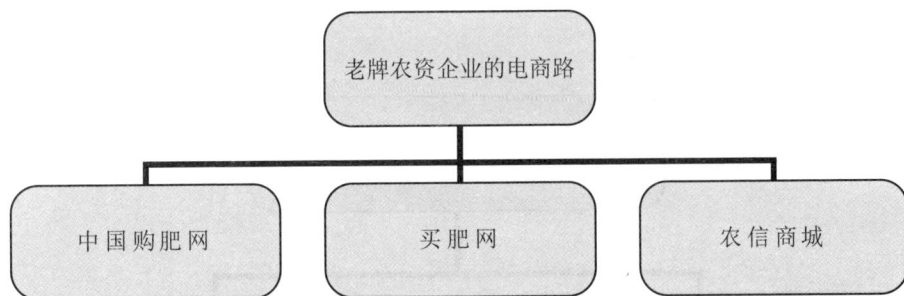

图5-40　老牌农资企业的电商路

1.中国购肥网

鲁西集团于2013年建立了电子商务网站"中国购肥网"，并增加了直销的方式。网购渠道的产品、物流和服务均由鲁西公司原有的经销商网络负责，传统销售渠道没有改变。目前，大多数农民仍然通过传统渠道购买化肥。

2.买肥网

中化集团子公司中化化肥有限公司于2014年7月推出买肥网，为主要经销商提供B2B网上交易服务。网上购物往往是基于提高效率的需要，目的是在公司与大型零售商之间的所有交流中实现业务信息的透明和数据的共享。

3.农信商城

大北农借"三网一通"转型综合服务商提出智慧大北农战略，通过猪管网、农信商城、农信网为客户提供一站式服务，用互联网创造农业新生态。农信商城是大北农网上直营店，主营饲料、兽药、疫苗、种子、农化产品等。此外，芭田股份、司尔特、史丹利、心连心、金正大、新希望、中农控股等老牌农资企业都在加快进军电子商务的步伐。

（五）服务导向型农资电商

服务导向型平台以提供服务为主，整合了技术服务、商务服务和平台服务，有的以论坛形式发起，有的提供免费移动信息服务终端。此模式可以有效集聚客流，提高产品精准投放率，同时打造良好用户体验，满足农户对基础服务的需求。

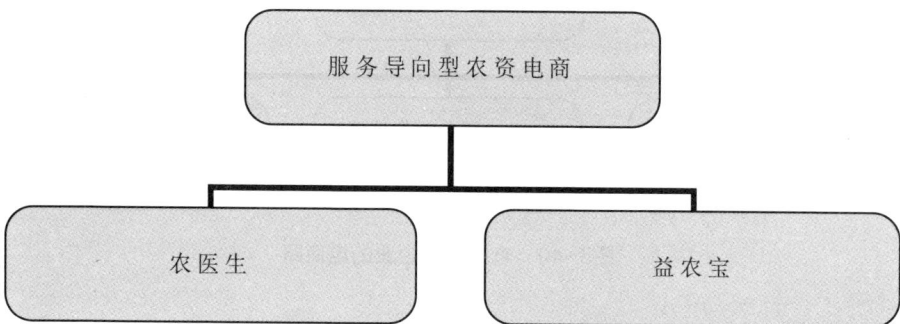

图5-41 服务导向型农资电商

1.农医生

手机App"农医生"是免费信息服务终端。目前平台认证专家达到10万

人，注册用户突破500万。平台整合农机专家、植保专家，免费、快速、准确地解决农民种植过程中遇到的各类难题。

2.益农宝

益农宝是浙江农资电商平台的移动客户端，是一个集信息整合、农机在线、庄稼医生、农资4S店于一体的多功能信息终端。为农户提供植物营养解决方案的同时能精准营销。

第三节　农产品电商线上线下体系协调发展

一、农产品电商体系构成

农产品电商体系包括线上和线下两部分，线上体系除了包括图5-42所示的各种平台之外，还包括产品追溯、质量安全、标准化和数据分析等若干子系统。线下体系包括电商产业园、电商综合基地等部分，具体如图5-43所示。线上和线下体系共同组成了农产品电商体系。

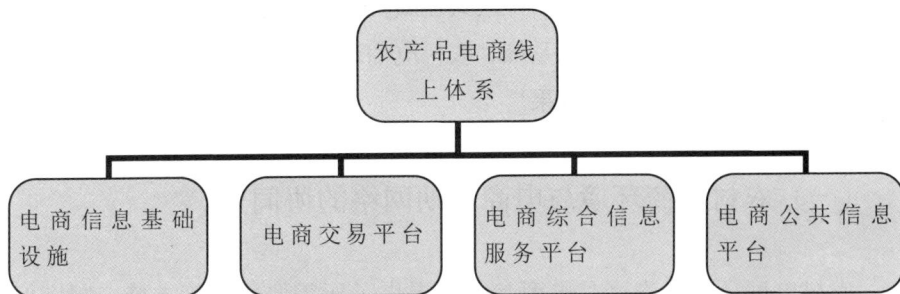

图5-42　农产品电商线上体系

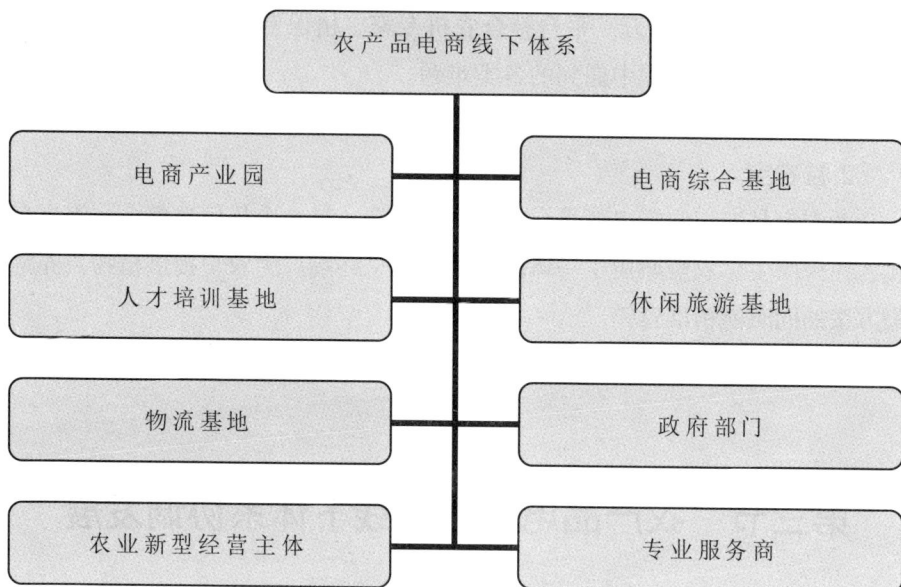

图5-43　农产品电商线下体系

二、农产品电商线上线下协同发展

农产品电商线上线下协同发展本质上是一种以电商平台为核心的开放式创新协作。它主要基于创新平台、创新互动网络和创新环境三个要素的协同。在以农业电商平台为中心的开放式创新框架中，这三种要素分别是农产品电商平台、农产品电商生态系统、农村电商环境，它们之间的协同决定了农产品电商线上线下协同的效果。

（一）农村电商环境与电商互动网络的协同

农村电商环境为农产品电商参与者提供了所需要的政策支持、制度保障、文化氛围、技术条件。农产品电商互动网络包括农产品生产者、运销

商、物流企业、专业服务商、外部组织、消费者等。农产品电商互动网络必须依托于农村电商环境才可以实现目标；环境所提供的外部支撑也必须符合电商从业者的需求，与其发展要求相适应。在环境及互动网络中都分别存在系统内要素的互动，要素之间相互影响。[①]

（二）农村电商环境与电商平台的协同

电商平台的打造与发展涉及电商生态系统的创新，是商业模式、市场需求分析、客户关系管理、供应链管理、资源整合、研发管理、流程再造的复合过程，是新型商业模式下价值创造的基本机制。电商平台都是基于农村电商环境中政策支持、技术条件、文化氛围等而发展，并与之相匹配。只有通过对外部政策进行调整，才能进一步促进电商平台的建设。[②]

（三）电商平台与农村电商互动网络的协同

电商平台实质上影响了农村电商互动网络的演变与发展，电商互动网络的发展又直接影响了电商平台的实现与完善。电商平台运营商基于自身所具备的条件和农村电商网络参与者的资源基础，在清晰辨识出农产品终端消费者需求趋势的基础上，运用平台的关键资源如品牌优势、网络与技术优势以及渠道优势等，通过整合农村电商网络参与者的资源，组成新型农产品流通网络和渠道，以互联网特有的便捷、高效方式到达终端消费者，从而完成农产品流通关键流程的创新再造。[③]

---

① 易法敏作，罗必良. 农产品电商平台体系建设与线上线下协调发展研究[M].北京：中国经济出版社，2019.

② 同上.

③ 同上.

第六章

乡村振兴背景下农村电商发展展望

　　乡村振兴背景下，农村电商发展迎来新的展望。随着互联网技术和电子商务的快速发展，农村电商有望进一步促进农村经济的繁荣和农民收入的增长。未来，农村电商将进一步推动农产品的精深加工和品牌建设，推动农村旅游的发展，打破农村和城市之间的信息壁垒，为农民提供更多商机。同时，农村电商的可持续发展也需要加强物流配送、建设电商服务体系，提升电商技术和人才素质。农村电商的繁荣将助力乡村振兴战略的实施，构建美丽宜居的乡村生活。

第一节　构建农村电商保障机制

一、农村电商服务平台法律保障机制构建的必要性

农村电商服务平台作为农村电商发展的重要支撑和推动力量，为农户提供了广阔的市场空间，同时也为消费者提供了便利的购物渠道。然而，由于农村电商服务平台的特殊性和复杂性，存在着各种法律风险和问题。为了确保农村电商的健康发展，构建农村电商服务平台法律保障机制势在必行。

（一）农村电商服务平台法律保障机制的构建是确保企业、农户与消费者利益的必然要求

农村电商服务平台作为连接企业、农户与消费者的纽带，承担着促进农产品流通和增加农民收入的重要责任。然而，由于信息不对称、交易诚信等问题，农村电商平台上经常出现虚假宣传、侵权盗版等违法行为。这些行为不仅损害了农户和消费者的利益，也破坏了整个农村电商市场的秩序和信誉。因此，构建农村电商服务平台法律保障机制，明确平台运营的规范和责任，加强对企业、农户和消费者权益的保护，是确保各方利益的必然要求。

（二）农村电商服务平台律保障机制的构建是保障平台正常运行的前提

农村电商服务平台涉及多个主体之间的复杂关系，包括平台、企业、农户和消费者等。在这个多元化的生态系统中，各方的权益和利益需要得到平

衡和保护。然而，由于缺乏法律约束和规范，农村电商服务平台容易出现失信风险、交易纠纷、数据泄露等问题，严重影响平台的正常运行。通过建立健全的法律保障体系，明确各方的权益和责任，规范平台的运营行为，可以有效避免风险和纠纷的发生，保障平台的正常运行。

（三）农村电商服务平台法律保障机制的构建是农村电商发展的内在要求

农村电商是农村经济发展的重要推动力量，对于农村地区实现农产品增值、农民增收具有重要意义。然而，农村电商服务平台的发展受到法律环境的制约。目前，农村电商领域缺乏相关法律法规的规范和指导，无法有效应对新兴问题和挑战。因此，构建农村电商服务平台法律保障机制，建立与农村电商特点相适应的法律体系，可以为农村电商的可持续发展提供有力支撑。

综上所述，农村电商服务平台法律保障机制的构建是确保企业、农户与消费者利益的必然要求，是保障平台正常运行的前提，也是农村电商发展的内在要求。只有通过建立健全的法律保障机制，明确各方的权益和责任，规范平台的运营行为，才能够推动农村电商的健康发展，实现农村经济的跨越式发展。因此，我们应该重视并积极推动农村电商服务平台法律保障机制的构建，为农村电商的蓬勃发展提供坚实的法律保障。

二、农村电商服务平台法律保障机制的路径选择

随着信息技术的发展，农村电商服务平台在促进农村经济发展、提升农民收入等方面发挥着越来越重要的作用。然而，由于农村电商服务平台的特殊性和复杂性，需要建立相应的法律保障机制，以维护平台的正常运行，保护相关各方的合法权益。

（一）农村电商服务平台立法的基本原则

（1）制定明确的法律框架：农村电商服务平台法律保障机制应当依法制定明确的法律框架，明确平台的定位、职责和权限，为平台的稳定运行提供保障。

（2）强调政府监管：农村电商服务平台应设立专门的监管机构或部门，负责对平台进行监督和管理，制定相关政策和规范，确保平台的合规运营。

（3）促进公平竞争：农村电商服务平台应遵守市场竞争的基本原则，确保各个主体在平台上享有平等的竞争机会，防止垄断和不正当竞争的发生。

（4）保护消费者权益：农村电商服务平台应建立完善的消费者维权机制，明确消费者的权益和责任，加强对商品质量和服务的监管，保障消费者的合法权益。

（二）建立农村电商服务平台安全信用机制

（1）完善用户信息保护：农村电商服务平台应加强对用户个人信息的保护，建立健全的隐私保护制度，禁止未经用户同意收集、使用和泄露用户个人信息。

（2）加强网络安全防护：农村电商服务平台应建立健全的网络安全防护体系，加强对安全监控和风险评估，及时发现和应对各类网络安全威胁。

（3）建立诚信评价机制：农村电商服务平台应建立客观公正的信用评价机制，对商家和用户进行信用评价，并根据信用评价结果采取相应的激励或限制措施，提高平台的信用度和用户满意度。

（三）对农村电商服务平台进行义务限定和责任承担

（1）商家义务和责任：农村电商服务平台应明确商家在平台上的义务和责任，包括商品质量、服务质量、信息真实性等方面，并建立违约责任追究机制，保障消费者的合法权益。

（2）平台责任和义务：农村电商服务平台应承担对平台上商品和服务的

质量进行监管和把关的责任，及时处理用户投诉和纠纷，提供有效的售后服务，确保平台的可持续发展。

（3）用户责任和义务：农村电商服务平台应明确用户在平台上的责任和义务，包括遵守平台规则、不发布虚假信息、不从事非法交易等，并建立相应的违规处理机制，维护平台的良好秩序。

总之，农村电商服务平台法律保障机制的路径选择应遵循明确的立法原则，建立安全信用机制，同时对平台和用户进行义务限定和责任承担。这样才能有效地维护农村电商服务平台的正常运行，促进农村经济的发展和农民收入的增加。

三、关于推动宁波市新型农业经营主体科技创新的对策建议

近年来，宁波市新型农业经营主体发展状况良好，但从高质量发展建设共同富裕先行市的目标要求来看，新型农业经营主体发展还有很大进步空间，提升其科技创新含量有利于提升其核心竞争力。浙江工商职业技术学院课题组在宁波市2022年软科学项目《宁波新型农业经营主体科技创新案例研究》基础上，提出了相关对策建议。近日，宁波市工商联收集相关材料整理呈上，供市政府领导参阅。

新型农业经营主体作为现代化农业发展主力军，已成为宁波市农业发展重要载体，成绩斐然。目前，宁波市已有国家级农业龙头企业11家、农民合作社示范社29家，县级以上农业龙头企业493家，农民专业合作社达到3964家，家庭农场15952家。新型农业经营主体数量和质量位居浙江省前列，宁波"家庭农场"也成功获评全国五大发展范本之一。随着宁波市新型农业经营主体逐步成熟，其工作重点逐渐由基础夯实过渡为科技创新，成为宁波市农业科技创新工作重要载体，融入相关工作的方方面面。

（一）当前宁波市新型农业经营主体科技创新的改革诉求

1.新型农业经营主体科技创新的推动力有限

当前有关新型农业经营主体的科技创新推动主要以政府为主，社会参与度较低，科技创新驱动力有限。科技创新应该做到政府、市场和社会多方协同共进，而宁波市社会和市场力量参与新型农业经营主体领域的科技创新或投资相关工作甚少，多以自我探索性、自发性为主，整体参与度不高，行业影响力和产业带动能力有限。例如，在宁波市科技局网站相关数据库查阅"创新企业"栏目，农业相关创新单位仅为326家，占比0.6%；市科技局公布的"宁波市科技创新领域市级高新技术苗子企业信息数据"中，农业相关企业基本可忽略不计。

2.新型农业经营主体科技创新的市场导向不足

当前有关新型农业经营主体科技创新与市场和科技前沿衔接不紧密。宁波市农村经营主体普遍处于自主发展状态，缺乏对相关行业和前沿科技发展动态的充分了解，以致科技创新着力点不准确，农业生产缺乏科技支撑，呈现发展质量不高和融合能力不强的状态。一是农业科技创新平台较少。在宁波市科技局网站相关数据库查阅"重点实验室""企业工程（技术）中心""技术创新联盟"或"产业创新综合体"等相关栏目，其中涉及农业科技相关载体数量较少，且多以企事业单位和高校为依托单位，技术创新和推广能力均有限。二是农业相关数据统计数据公开较少。查阅宁波市农业农村局、科技局、统计局等相关平台，基本无农业生产详细数据或农业科技创新相关数据、案例，各农业经营主体无法对其经营行业科技创新水平和生产状况了解充分，无法科学评估自身经营状况。

3.新型农业经营主体科技创新的人才瓶颈较大

新型农业经营主体相关科技人员时间精力有限，农民科技创新意识不强和能力有限等原因导致科技创新主动性较差、科技创新和应用脱节现象。首先，宁波市农业相关科技人员主要以高等学校、科研院所人员，农业龙头企业、农业高新技术企业、农业乡土专家为主，需要在完成其本职工作情况

下，参与宁波市农业相关科技创新工作，科技创新时间精力相对有限，创新效果难以保障。

例如，宁波市出台的《宁波市科技特派员工作管理办法》中仅规定：个人科技特派员每年到派驻单位或利用线上平台开展技术指导、科技培训等活动不应少于10次。其次，宁波市农民普遍存在"小富即安"思想，创新意识较差。部分农民不会主动思考其农业生产活动是否有进步空间，主动寻求科技创新途径。当前部分科技创新技术可以在农业领域内举一反三，但农民往往因不具备相关敏感性而错失创新可能。如不能很好地搭建网络化数字平台等。再者，宁波市农民普遍学历较低、年龄较大，农业生产技术含量较低，且学习热情不高，很难理解并切实执行相关技术创新。例如，宁波市农民41岁~50岁占比24.4%，40岁以下占比21.8%；大专及以上占比11.9%，其中生产型占比35%，技能带动型占比19%，技能服务型占比约10%。

4.新型农业经营主体科技创新的机制有待完善

当前宁波市已根据新型农业经营主体发展需求制定了涵盖金融支持、平台建设、科技特派员管理办法等相关规定，极大促进了相关领域科技创新，但是相关机制仍需进一步探索。一是有关新型农业经营主体科技推广、评价机制还有待优化。例如，《宁波市科技特派员工作管理办法》对于科技特派员考核只有年服务次数要求，而没有具体成果转化率等相关要求。二是有关新型农业经营主体科技创新激励还有待商榷。合理的激励措施有利于激发群众科技创新与应用热情，激励群众克服创新与应用困难，但是当前宁波市激励多以补贴形式为主，刺激不够，且针对新型农业经营主体激励政策明显不足。三是新型农业经营主体科技创新缺乏退出机制。农业科技创新研发阶段一般投入较大，回报难以保障，而技术推广前期也会由于农民技术掌握不够熟练缺乏稳定性，故构建合理的退出机制有利于降低相关科研单位和农民损失，降低投资顾虑，进而提高农业科技创新参与比。

（二）当前宁波市新型农业经营主体科技创新的发展建议

1.坚持政府科技创新主导作用，强化社会科技创新参与效果

一是搭建新型农业经营主体发展相关的信息化服务平台。充分利用浙江省数字化管理经验和技术，搭建集农业科研体系、产业技术体系、成果转化体系、农业技能培训体系于一体的信息化服务平台。

二是鼓励新型农业经营主体发展相关的社会性科创组织。鼓励有能力的社会团体或新型农业经营主体利用自身行业发展优势建立科创组织（联盟）或实验室，并制定相应税收补贴、人才补贴、项目补贴机制，通过项目定向委托、政府购买服务等途径助其发展。

三是优化新型农业经营主体发展相关的财政资金投入机制。充分发挥政府资金导向作用，科学规划对于新型经营主体发展的资金投入，重点支持各类科技农业、智慧农业、一二三产业融合农业，促进宁波市农业高质量、现代化发展。

四是创新新型农业经营主体发展相关的社会资金投入机制。鼓励社会力量以资金入股等方式参与新型农业共同体建设，侧重点为农业服务、加工、推广等资金投入较大环节；建立健全监管和风险防范机制，降低社会力量投资风险；采取特许经营、公建民营、民办公助等方式保障社会力量市场份额；采取授信贷款、政府购买、税收减免等方式保障社会力量资金流动。

2.了解新型农业经营主体发展状态，引领行业和前沿科技发展态势

一是搭建新型农业经营主体发展相关的大数据信息平台。分地区、分产业、分品种逐渐实现农产品从种植、生产、加工、储存、运输乃至销售全环节的可视化、信息化、数据化，及时了解宁波市农业经营主体发展状况。依托国家构建的"农业农村大数据公共平台基座"，定制符合宁波市农业发展的应用场景，寻找宁波市新型农业经营主体发展机遇。二是组建新型农业经营主体发展相关的调研团体或部门。立足宁波市新型农业经营主体经营范围和实际经营情况，定向寻找并整合国内外相关领域发展前沿信息和高新技术，研判相关农业领域市场发展趋势，找准宁波市新型农业经营主体发展定位，科学制定和实施发展规划。三是强化新型农业经营主体发展相关的科技

创新协同平台。立足宁波市新型农业主体发展需求，整合宁波市科技创新力量，分门别类组建联合攻关团队，探索以发展需求为导向，以项目任务为载体，以科技创新为驱动的科技创新协作模式。

3.优化新型农业经营主体人才作用，搭建科技人员和农民之间的桥梁

一是推动新型农业经营主体发展相关的科研单位制度改革。与科研人员所在单位达成科技兴农共识，促成科研单位将科研人员参与新型农业经营主体科技创新、成果推广、人员培训等工作纳入绩效考核、职称评定、岗位管理等范畴，保证科研人员利益的基础上确保其"下乡"时间、精力与成效。

二是推进新型农业经营主体发展相关的产学研深度融合。推动高校将教职人员参与新型农业经营主体建设纳入社会服务工作范畴，将学生参与新型农业经营主体纳入劳动教育、社会实践或志愿服务范畴，并通过定向任务委托、购买等方式助推高校逐步进入新型农业经营主体的创新建设领域。

三是搭建科研人员与农民之间的桥梁。"桥梁"人员是科技人员和新型农业经营主体的有效衔接者，主要负责向科技人员学习科技技能，并实际辅助农民农业生产。科学制定"桥梁"人员管理规定，包含具体岗位认定、职业发展、工作纪律、绩效评定、福利待遇等。四是培育新型职业农民积蓄发展力量。通过营造社会环境、学校思想教育、明确福利待遇等方式引导应届毕业生走向农业生产岗位。通过农业课程普及、项目开展和专业开设等方式逐步提升大学生和宁波市农业发展的适配度，积蓄发展力量。

4.健全新型农业经营主体运行机制、重视科技创新成果转化

一是深化新型农业经营主体的科技创新推广机制。根据宁波市农业发展需求，设置各级农技推广机构、明确农技推广职责、设置农技推广岗位、理顺农技推广体制。采取政府购买服务、定向委托、项目实施等方式促进社会力量、科研单位（院校）、科技特派员等参与农技推广服务。鼓励以转让、入股等方式加强创新技术的社会性转移。

二是优化新型农业经营主体科技创新的激励政策。允许科技人员以智力入股共享农业创新成果，变智力为资产，提高农业科技人员合法收益，增强科技人员"下乡"积极性。增加科技创新项目的推广实施，取得成效等作为

各新型农业经营主体考核核心指标。采取按推广成效减税降费、成果转化留归企业（用于科技研发和成果转化）等方式激发社会科创活力。

三是完善新型农业经营主体科技创新的成果评价机制。借鉴宁波市其他行业科技成果转化经验，立足宁波市农业科技创新活动规律和特点，以质量、绩效、贡献等为导向，综合考虑从事基础研究、前沿创新、应用推广等全过程科技创新人员，建立健全科技创新人员评价制度。探索建立政府、社会组织、人民大众三方参与的评价机制。考评结果与目标校正、动态管理、绩效预算等直接挂钩。四是健全新型农业经营主体科技创新的退出机制。根据实际农业生产设立各级退出审核机构，设置专（兼）职退出审核人员岗位，明确退出交接流程。明确各类创新（推广）力量退出相关工作必须最大程度降低对农业生产和农民的影响，做好科技创新（推广）相关数据、项目、生产资料等交接工作。要求做到主观退出创新（推广）自负盈亏，非主观退出创新（推广）可依政策依法获取相应税费减免等补贴。

四、粮食主产区品牌发展策略思考

宝清农产品品牌建设，在产品与机制等层面进行了深入探索，为粮食主产区品牌建设与发展提供宝贵经验。依据扬·罗比凯的品牌力发展模型，品牌力四大要素是差异性、相关度、评价和认知，差异性和相关度构成品牌优势，认知和评价构成品牌地位。就粮油产品品牌力的四大要素而言，我们不难发现，品牌差异性普遍不高，但品牌相关度较高，品牌评价和品牌认知，则往往建立在作为背书的区域品牌基础之上。因此，根据品牌力各要素在品牌体系中的差别，可选择制定相应的发展策略。

（一）建立差异化品牌保护体系，借助区域品牌快速扩大相关度

由于我国农产品品牌普遍处在发展的初级阶段，首先需要建立品牌差异

性保护体系。对宝清而言，尽管有资源富集的优势，但在大品牌的概念上可作进一步深入和强化，尤其在农产品区域公用品建设上可实现突破。以稻米为例，可通过申请注册"宝清绿色稻米"商标，以差异化特征构建品牌优势，与东北地区的其他大米公用品牌形成区别，培育宝清中高端大米品牌形象，提高宝清大米产品监管力度，提升宝清区域品牌形象。

（二）通过品牌关联信息复合，强化品牌内涵，深化品牌认知

农产品品牌是地域文化的积淀，往往具有显著的地域性特征，是地方历史文化的结晶。中国历史悠久，千百年来形成了众多地方特色的品种，也形成了以这些特色产品为原料的消费产品形式，以及特色突出的农产品品牌。

宝清可依托源远流长的地域文化，深挖农职文化和乡土文化特色。大力开发农业的生态、生活和文化功能，拓展农业生产功能定位，让消费者从更广的内涵上享受宝清农业产品和服务的价值，推动农产品品牌保持长久活力。如从具有北大荒原生态文化特征的湿地、古遗址等入手，塑造宝清农产品品牌的个性特色，丰富品牌的文化内涵，进一步增强产品差异化，同时可通过文化营销提升宝清农产品品牌的价值。

（三）通过品牌延伸与融合，实现品牌评价稳健提升

通过深入挖掘，促成农产品品牌与休闲旅游服务等品牌的有机融合，在消费体验中逐步提升农产品品牌的评价。例如，宝清大白板白瓜子、宝清红小豆等已经是颇具影响力的特色农产品品牌，今后还可进一步发展为休闲道具。根据农业产业文化资源特点与消费者需求趋势，有效融入休闲农业和乡村旅游产业。塑造精品农业、观光农业、旅游农业等产品和服务品牌，实现品牌的融合发展。如通过开发品类多样、品种丰富的宝清大白板白瓜子休闲食品、宝清红小豆休闲食品等，推出瓜子与红小豆系列旅游礼品。与宝清县城内的休闲旅游服务品牌紧密结合，复合放大品牌效应，提升品牌附加值。

宝清在农产品品牌建设上的策略和特色农产品品牌建设上的探索，对粮食主产区如何打造农产品品牌有建设性的启示。如何通过科学合理的资源配

置，实现丰富资源的优化利用，形成地方经济发展的持久力量，这是粮食主产区品牌建设和发展探索的基本方向。

第二节　依托农村电商平台实现精准脱贫

一、精准扶贫的概念

精准扶贫是一种旨在准确识别贫困人口并有针对性地提供帮助的扶贫策略。它强调通过科学的方法对贫困人口进行精细化的识别和分类，以便将资源和政策措施更有效地投放到最需要的地区和人群中。

精准扶贫的核心是精确识别贫困人口。通常，政府部门会利用各种指标和数据，如收入水平、教育水平、住房条件、健康状况等，对贫困人口进行调查和评估，从而确定谁是最需要扶助的人群。

一旦贫困人口被准确识别，政府会采取有针对性的举措，包括提供经济支持、培训技能、改善基础设施、提供教育和医疗服务等。这些措施旨在帮助贫困人口脱贫，并提高他们的生活质量和自我发展能力。

精准扶贫是在许多国家和地区推行的一种扶贫模式，它强调减少贫困人口数量、改善贫困地区发展水平，并促进可持续脱贫。

二、精准脱贫与电商平台的关系

电商平台与精准扶贫之间存在着密切的关系。电商平台通过互联网技术和电子商务模式，提供了一个便捷的购物渠道，为广大消费者提供各种商品

和服务。在扶贫工作中，电商平台可以发挥重要作用。

首先，电商平台可以为贫困地区的农产品和手工艺品等特色产品提供销售渠道，帮助贫困户将产品推向市场，增加收入。通过电商平台，贫困地区的农民和手工艺者能够直接与消费者进行交流和销售，避免了传统的中间环节，减少了销售成本，提高了收益。

其次，电商平台可以促进贫困地区的就业。电商平台的发展带来了大量的物流和仓储需求，需要大量的劳动力参与。贫困地区的居民可以通过就近就业的方式参与到电商物流和仓储环节中，改善生活条件。

此外，电商平台还可以提供技术培训和扶持政策，帮助贫困地区的居民提升技能和创业能力。许多电商平台开展了培训计划，向贫困地区的居民传授电商知识和技能，帮助他们更好地利用电商平台进行创业和销售。

电商平台通过提供销售渠道、促进就业和提供培训支持，可以为精准扶贫工作提供重要的支持。它不仅能够帮助贫困地区的居民增加收入，改善生活条件，还能促进贫困地区的经济发展和脱贫进程。

要依托农村电商平台实现精准扶贫，可以采取以下几个步骤。

（1）建设和发展农村电商平台：支持当地政府、企业或组织建立农村电商平台，提供线上交易和信息服务，促进农产品和农村特色产品的销售。

（2）培训和支持农民创业者：为农民提供电商技能培训和创业指导，帮助他们了解电商平台的操作方法、产品推广和销售技巧，提高他们的电商经营能力。

（3）优化物流和配送网络：改善农村物流和配送体系，确保农产品能够及时、安全地送达消费者手中。可以考虑与快递公司、合作社或志愿者组织合作，建立高效的物流网络。

（4）推广农产品品牌和营销：帮助农民树立品牌意识，提升产品质量和包装设计，以吸引更多消费者关注和购买。同时，利用互联网和社交媒体等渠道，进行产品宣传和营销活动。

（5）数据分析和监测：利用大数据分析工具，对农村电商平台的运营数据进行监测和分析，了解销售情况、消费者需求和市场趋势，为农民提供决策参考。

"农村电商助力精准脱贫"可以理解为农村电商平台利用信息技术手段，

为贫困地区的农民提供线上购物和农产品销售等机会，通过增加农产品的销售渠道和提升农民的收入，帮助贫困地区实现精准脱贫的目标。农村电商为贫困地区的农民提供了更广阔的市场机会，促进了贫困地区农产品的销售，提高了农民的收入水平，从而帮助他们摆脱贫困。这种方式可以为贫困地区提供可持续的经济发展路径，并为农民提供更多的就业机会和收入来源。

农村电商作为实施精准脱贫战略的重要抓手，对于经济相对落后的农村地区具有根本性的改变作用。首先，农村电商的发展能够全面盘活农村市场。传统农村市场受制于地理、交通等因素，供求信息不对称，交易成本高，市场活力不足。电商平台的出现打破了这种局面，使农产品可以通过线上渠道直接对接消费者，消除了中间环节，降低了交易成本，提高了市场效率。通过电商平台，农民可以将自己的农产品推广到全国乃至全球市场，实现更广阔的销售渠道，增加收入。同时，消费者也能够更加便捷地购买到优质的农产品，提高了消费体验。

其次，农村电商能够激发农村市场的内生动力。电商的发展不仅仅是简单地将线下市场转移到线上，更是通过技术手段和创新模式，推动农村产业的升级和转型。通过电商平台，农民可以直接获取市场需求的信息，根据需求进行生产规划，减少了产能过剩和资源浪费。同时，电商平台也为农村地区的特色产业和优势产品提供了更多的推广和销售机会，促进了农村经济的多元化发展。这种内生动力的激发有助于农村地区实现可持续发展，实现真正的"造血式"扶贫和脱贫。

此外，农村电商的发展还能够改变农民的生产方式和思维方式。传统的农业生产模式通常面临着信息闭塞、技术滞后等问题，导致效益低下。电商的兴起带来了新的思维方式和商业模式，农民可以通过学习和应用互联网技术，掌握市场动态和消费者需求，进行精准生产和供应链管理。同时，电商平台也为农村居民提供了创业和就业的机会，激发了创业热情和创新能力，促进了农村经济的转型升级。

综上所述，农村电商作为实施精准脱贫战略的重要抓手，对于经济相对落后的农村地区具有重大意义。通过全面盘活农村市场、激发内生动力、改变生产方式和思维方式，农村电商能够帮助农民真正实现脱贫致富，推动农村经济的繁荣发展。

三、农产品区域公用品牌风险评估方法探讨——基于质量安全视角

在品牌价值、品牌知名度和美誉度对消费者的购买行为日益起到关键作用的今天，农产品区域公用品牌在21世纪逐渐兴起，迅速发展。在区域政府的推动下，农产品区域公用品牌价值日益凸显，拉动了区域经济的发展，形成了良好投资环境，同时对工业经济不发达的区域，农产品区域公用品牌的建立对当地农户收益的拉动起到了明显的作用，为中国农业的转型、中国农村的现代化和区域经济的提升起到了举足轻重的效用，并逐渐形成国际影响力。农产品区域公用品牌创立后，区域组织对于公用品牌的管理没有形成长效的机制，公用的企业等组织由于对自身利益的追逐，导致企业特别容易出于提升产量的考量降低产品的质量，少数企业甚至产生一些盲目行为导致自身产品质量严重下降，危及整个公用品牌。因此，急需区域有关组织及时建立农产品区域公用品牌的质量安全风险评估体系。

（一）农产品区域公用品牌的内涵

农产品品牌主要类型之一的农产品区域公用品牌，指的是特定区域内相关组织、企业、农户等所共有的，在产地范围、品牌许可使用、品种质量管理、品牌营销等方面具有相同的诉求与行为，以联合提升区域内外客户的评价，使区域产品与区域形象共同发展的农产品品牌。在国际上，采用区域公用品牌类型创建农产品品牌、推动区域产品销售，提升区域形象的成功例子较多，如美国的艾达华土豆品牌等。

（二）农产品区域公用品牌质量安全

从经济学角度，对品牌这样的无形资产，共享和公用能产生规模经济效应，有助于该区域内企业的发展。但是如果没有使用有效手段对区域所有的公用企业行为加以有效控制，必然导致农产品区域公用品牌使用者鱼龙混

杂，给农产品区域公用品牌带来危机。

为了更清楚说明问题，下面通过数学分析来说明这个问题。设有一个农产品区域公用品牌，一共有n家企业。现假设每个企业是自愿为农产品区域公用品牌的质量安全投入的，企业为此的投入越多，农产品区域公用品牌的总效用越大，每个企业因此而获得的收益也越高。

假设企业i为公用品牌质量安全的投入（如严格按照公用品牌的品质，工艺等要求生产等）为t_1，则农产品区域公用企业的总投入为$T = \sum_{i=1}^{n} t1$。令xi为企业i纯粹为本企业自身发展的投入，令px为企业纯粹为自身发展而投入的单位成本。

则i企业的资源总量wi可表示为$w_i = p_x x_i + p_t p_i$：这就是企业行为的约束条件。企业的活动就是将资源在农产品区域公用和企业内部进行合理分配，以求得利益最大化。我们用柯布-道格拉斯函数来表示农产品区域公用企业的收益函数，即：$r_1 = T^\beta x_1^\partial$。其中$0 < \alpha < 1, 0 < \beta < 1$，$\alpha + \beta \leq 1$。下面我们比较在纳什均衡和帕累托最优条件下企业i对农产品区域公用品牌质量安全的投入。

纳什均衡时的情况：我们用拉格朗日函数来表示企业的利益函数$L_1 = X_1^\alpha T_\beta + \lambda(W_1 - P_x X_1 - P_T T_1)$求企业利益最大化的一阶条件后整理可得：$\frac{\beta X_1^\alpha T^{\beta-1}}{\alpha X_1^{\alpha-1} T^\beta} = \frac{P_T}{P_X}$根据前面企业的资源总量公式，整理可得：$t_i = \frac{\beta}{\alpha + \beta} \times$

$\frac{w_i}{P_T} - \frac{\alpha}{\alpha + \beta} \sum_{i \neq j}^{t} j, i = 1, 2, \ldots n$

这就是企业i在农产品区域公用品牌质量安全上投入的反应函数。假设农产品区域公用的企业之间的实力差距可以忽略不计，则我们的分析将进一步简化。纳什均衡时，每一个企业为农产品区域公用品牌质量安全的投入为：$t^* = \frac{\beta}{\alpha n + \beta} \times \frac{w}{P_T}$，o=1，2，…n

则此时农产品区域公用企业为农产品区域公用品牌质量安全的总投入为：$T^* = \frac{n\beta}{\alpha n\beta} \times \frac{w}{P_T}$

帕累托最优的情况：农产品区域公用整体的收益函数可表示为：$J = k_1 x_1^\alpha x^\beta + k_2 x_2^\alpha x^\beta + \cdots\cdots + k_n x_n^\alpha x^\beta$ 约束函数就是农产品区域公用企业的总资源：$\sum_{i=1}^{n} w_i = P_x \sum_{i=1}^{n} x_i + P_T T$ 构造拉格朗日函数：$L_J = J + \lambda \left(\sum_{i=1}^{n} w_i - P_x \sum_{i=1}^{n} x_i - P_T T \right)$

求帕累托最优时的一阶条件整理后可得：$n \dfrac{\beta x_i^\alpha T^{\beta-1}}{\alpha x_i^{\alpha-1} T^\beta} = \dfrac{P_T}{P_x}$ 代入预算约束，可

得帕累托最优条件下企业i为农产品区域公用品牌质量安全的投入为：

$t_i^0 = \dfrac{\beta}{\alpha + \beta} \times \dfrac{\omega}{P_T}$ 则此时农产品区域公用企业为农产品区域公用品牌质量安全

的总投入为：$T^0 = n t_i^0 = \dfrac{n\beta}{\alpha + \beta} \times \dfrac{w}{p_T}$ 比较纳什均衡条件下和帕累托最优条件

下的农产品区域公用品牌质量安全的总投入：$\dfrac{T^0}{T^*} = \dfrac{\alpha n + \beta}{\alpha + \beta} > 1$。

很明显，帕累托最优条件下农产品区域公用企业为农产品区域公用品牌质量安全的投入大于纳什均衡时的投入。也即在农产品区域公用中，当其他企业为农产品区域公用品牌质量安全投入得越多时，本企业的投入将越少，对自己越有利，这必然造成农产品区域公用企业对农产品区域公用品牌的主动投入不足。

（三）农产品区域公用品牌质量安全

风险分析是对风险影响和后果进行评价和估量，包括定性分析和定量分析。其中，定性分析是评估已识别风险的影响和可能性的过程，按风险对项目目标可能的影响进行排序。

（1）风险等级：根据发生的可能性与后果严重性评估风险造成危害程度，确定风险控制的优先等级，主要分为五大类：不可接受风险、重大风险、中等风险、一般风险、轻微风险。

①不可接受风险：指极小概率发生，一旦发生将造成严重后果，这些情况属于不可接受，需要在工作中杜绝发生。

②重大风险：风险的最高等级，需要立即采取措施。

③中等风险：有较大的危险，需要采取措施进行防范。

④一般风险：需要在工作中引起注意和重视。

⑤轻微风险：指发生的可能性极小，且造成的后果轻微，一般而言，这类风险忽略对上述风险进行分类，转化为产品产业化风险、产品原料生产风险、产地环境质量风险、产品加工经营风险。然后进行用颜色进行标示，直观展示。对高度风险用红色标注，对中等风险用橙色标注，对一般风险用黄色标注，对轻微风险用绿色标注，参考交通指示灯的意义进行视觉传达。

（2）风险分析的主要方法：根据农产品质量安全的要求，笔者采用以下两种分析方法。

①层次分析法：是一种多准则决策分析方法，在风险分析中它有两种用途：一是将风险因素逐层分解识别，直至最基本的风险因素，也称正向分解；二是两两比较同一层次风险因素的重要程度，列出该层风险因素的判断矩阵（判断矩阵可由专家调查法得出），判断矩阵的特征根就是该层次各个风险因素的权重，利用权重与同层次风险因素概率分布的组合，求得上一层风险的概率分布，直至求出总目标的概率分布，也称反向合成。

②压力测试：是指在极端情景下，分析评估风险管理模型或内控流程的有效性，发现问题，制定改进措施的方法，目的是防止出现重大损失事件。针对农产品区域公用品牌质量安全风险评估指标内容，假设可能会发生哪些极端情况。极端情景是指在非正常情况下，发生概率很小，而一旦发生，后果十分严重的事情。假设极端情景时，不仅要考虑本农产品区域公用品牌出现过的历史教训，还要考虑历史上不曾出现，但将来可能会出现的事情。评估极端情况发生时，该农产品区域公用品牌质量安全风险指标内化的风险管理方法是否有效，并分析对目标可能造成的损失。

（3）农产品区域公用品牌质量安全风险评价：根据农产品质量安全的要求，针对农产品区域公用品牌质量安全风险指标体系笔者采用HSE风险评价方法HSE（Health、Safety、Environment）评价法，风险值=R（S，L）。R表示风险等级（Riskgrade），$1 \leqslant R \leqslant 25$；S表示后果的严重性（Serious），$1 \leqslant S \leqslant 5$；L表示危害事件发生的可能性（Likely），$1 \leqslant L \leqslant 5$。根据农业产品区域公用品牌的特性，笔者构建针对的S和L估值体系内容，具体如下：S的取值参考范围：

表6-1

严重等级	基本标准	法律、法规及其他要求	财产损失	形象受损			人员伤害	管理失控
				影响范围	客户满意	区域内部人员满意		
5	严重损失	违反法律、法规	≥50万	全国范围影响	非常不满意或投诉很多	非常不满意;或向有关投诉诸律、媒介,造成一定的社会影响	发生重大伤亡事件	1.数据严重偏离,影响严重; 2.影响公用品牌层面的重大决策; 3.对公用品牌级目标有较大影响; 4.其他对公用品牌工作有重大影响的情况
4	比较严重的损失	潜在违反法律、法规或违反公用品牌使用的重要制度	10~50万	整个行业范围影响	不满意或投诉比较多	不满意,或向上级投诉;在区域内部引起一定的负面影响	发生重大人员伤害事件	1.数据较大偏离,影响较严重; 2.影响公用品牌层面的较大决策; 3.对公用品牌级目标完成有影响; 4.其他对公用品牌工作有较大影响的情况
3	中度程度损失	不符合公用品牌使用的重要制度或程序	1~10万	省市级范围内影响	不太满意或偶尔投诉	不太满意或影响工作积极性;或在区域一定范围内产生负面影响	一般伤害	1.数据一般性偏离,影响一般; 2.对公用品牌层面决策有一定的影响,但对某公用企业层面决策有较大影响; 3.其他对公用企业工作有较大影响

严重等级	基本标准	法律、法规及其他要求	财产损失	形象受损			人员伤害	管理失控
				影响范围	客户满意	区域内部人员满意		
2	较小损失	不符合公用品牌使用的一般制度或程序	小于1万	较小范围影响	基本满意	基本满意或产生的影响较小	轻微伤害	1.数据较小偏离,影响较小2.对决策、判断有较小影响3.对公用企业目标完成有一定影响4.其他对公用企业工作有一定影响的情况
1	很低的损失	符合公用品牌使用的制度、程序	微小,基本无损失	基本上无负面影响	满意	满意	基本无伤害	管理规范,处于受控状态

L的取值参考范围:

严重等级	发生的可能性	管理措施或执行情况	区域人员胜任度分析（意识、技能、经验等）
5	几乎是确定	没有操作规程	不胜任（无上岗资格、缺乏经验等）
4	很可能	1.有操作规程,偶尔执行;2.操作规程不够完善	不够胜任（有上岗资格、未受应有的培训）
3	可能的	有操作规程,只是部分执行	基本胜任（有上岗资格、缺乏经验）
2	不太可能	有操作规程,偶尔不执行	胜任,工作中偶尔出现差错
1	几乎没有	有操作规程,严格按操作	完全胜任（经验丰富、责任心强、接受培训）

R的取值参考范围：

分值	风险等级	风险程度说明
>15	高度风险	极易引发风险，须立即采取措施
9–12	中等风险	在工作中需要注意防范，加强监控
4–8	一般风险	在工作中需要引起关注
<4	轻微风险	可忽略的风险

四、建议和结论

　　农产品区域公用品牌质量安全风险评估方法可以提供品牌风险预警建立的科学依据和工具，在此基础上可以建立农产品区域公用品牌的预警模型，对品牌质量安全的风险进行识别，划分风险的类型，了别风险的程度，然后建立全面品牌质量安全风险控制管理流程，提前预防农产品区域公用品牌质量安全风险，把风险控制在萌芽状态，并在事前、事中、事后进行针对性的风险控制。农产品区域公用品牌质量安全风险的管理，不仅仅需要科学的方法，同时需要区域政府在战略层面的支持，并在顶层设计上建立体制机制，并出台品牌质量安全方面的法规和政策，把品牌保护作为一项长期的工作。同时，通过培训、宣讲、政策引领等措施，大力提高品牌公用企业使用农产品区域公用品牌的质量安全意识，建立品牌质量安全使用榜单，采用扣分方式，按照对公用品牌形成的风险和破坏程度进行相应的扣分，设立总分，对分数归零的企业进行取消使用资格，并对法人进行黑名单发布，拒绝其在相关行业注册和重新创办企业。

　　综上所述，农产品区域公用品牌作为区域经济的标志和名片，近年来发展迅猛，它承载政府，企业，农户，行业协会，供应商等产业链的多方利益，而农产品区域公用品牌公用企业在产品质量上的不良行为，导致产生的严重的不可估量的品牌质量安全风险。笔者创建质量安全视角的农产品区域公用品牌风险评估方法，通过指标体系的设立，质量安全风险的分析，最后

采用HSE风险评价方法进行风险的评估，以期对农产品区域公用品牌质量安全做出公正的风险评价，为其在质量安全品牌风险的规避方面做出科学的评估。

下面以宝清为例子，探讨具体的精准脱贫案例。

（四）宝清农产品品牌建设的"四化"模式路径

1.产品标准化：发挥机械耕作优势，建立大规模牌标准牌

作为黑龙江省重点商品粮生产县，宝清县域耕地面积630万亩，地势平坦，现代农业生产条件优越，以推进农产品标准化为抓手，选择优良品种，科学使用化肥与农药、推广新技术应用，寻求连片种植和规模化效益，为发展品牌农业奠定了坚实基础。

2008年以来，宝清县抓住黑龙江实施农机专业合作社试点的有利契机，大力推进农机专业合作社发展。目前，宝清县已拥有农机合作社22个。其中千万元以上的大型农机合作社达到14个，投资过亿元，规模经营面积超过62万亩。同时，为确保农机专业合作社正常运转、增加效益，宝清县加大指导和管理力度，帮助农机合作社制定生产、财务、固定资产和安全管理等项规章制度，实行科学化管理。在农机专业合作社的具体运作中，宝清采用"八统一"操作模式。"八统一"模式下的农产品与同类产品相比，不仅品质更出众，而且产量也有提高。宝清在以产品标准化为导向的经营过程中，实现了土地经营规模化、田间作业机械化，实现了整地、播种标准化，使优良品种、先进放培模式、实用农业技术得到大规模应用，有效破解了原来一家一户生产经营中的品种难统一、实用技术难推广、大型机械难进地等老大难问题，大大增强了宝清农产品整体品质的有效性、安全性，而这恰恰构建起了农产品品牌的基础屏障。

2.品质高端化：坚持可持续发展，打造有机牌绿色牌

农产品往往由于气候或地理环境的因素，凸显出品质的差异性，同时还需要从品种改良、种植方法、品质认证等方面进步提升，这是提升农产品品牌附加值的基础所在。截至目前，宝清县绿色、有机和无公害农产品（三

品）种植面积达到200万亩，占全县农作物播种面积的84%。其中绿色、有机食品基地100万亩，无公害食品基地100万亩。累计获得认证的"三品"证书56个，其中无公害农产品证书26个、绿色A级食品证书20个，有机农产品10个，认证产品包括食用油、大米、大豆、杂粮杂豆等多个品种，绿色食品龙头企业发展到15家。

图6-1　米

图6-2　五谷

图6-3　葵花油

图6-4　大豆

图6-5　油

　　宝清县先后建立了1个国家级有机食品标准化示范园区，1个省级有机食品科技示范项目，示范、辐射标准化生产面积达6万亩，建设了一批符合国际标准及进口国要求的有机农产品出口生产基地。宝清有机产品及绿色产品面积占示范区种植面积的比重为87%；地理标志农产品种植面积43万亩，占示范区种植面积的比重为18.1%；"三品标"水产品产量1500吨，占示范区水产品产量的比重为51.3%。

3.机制市场化：引入强势品牌，培育原生品牌

　　宝清依托优势资源，充分发挥市场化竞争的"除鱼效应"，吸引外来品牌企业落户，以改制、合作等方式，推动本地企业发展，尽可能缩小与发达地区的差距，实现弯道加速，共同做大做强宝清农产品品牌。如依托粮食主产区优势，宝清县引入五芳斋、北大荒等国内知名品牌。其中，五芳斋品牌是百年中华老字号，中国驰名商标。五芳斋自2008年落户宝清以来，如今已

成为集有机、绿色稻术研发、加工、贸易为一体的龙头企业。在中国驰名商标"五芳斋"品牌的带动下，宝清原生的"荒原狼""阳"牌等品牌产品均取得了国家绿色、有机资格认定；在三大品牌共同发展的格局下，产品远销广东、浙江、上海等地，并通过了出口商检，开发了国外稻米市场。

宝清县还依托玉米、白瓜、甜菜等优势产业，成功引进了哈尔滨宏达生物有限公司，投资3.4亿元建设了加工企业，引进了广西南华糖业集团，投资5300万元，整体收购了宝清糖厂，通过技术改造，加工能力可达12万吨。

图6-6　南瓜

图6-7　玉米

图6-8　西葫芦

图6-9　甜菜

第三节　跨境电商助力共同富裕

跨境电商是指企业或个人通过互联网平台，在不同国家或地区之间进行商品交易和跨国销售的商业活动。它利用互联网和电子支付系统，使消费者

能够方便地购买来自其他国家或地区的商品，并进行国际物流和运输。跨境电商通常涉及跨越国家边界的订单处理、支付、报关、国际物流和售后服务等方面的活动。这种商业模式为消费者提供了更广泛的产品选择，同时也为企业提供了全球市场的机会。

共同富裕是指社会中所有成员在经济社会发展中共同分享机会和成果，实现财富的公平分配和普遍增长。这一概念强调不仅要解决贫困问题，还要关注财富分配的公正性和可持续性

实现共同富裕需要在经济发展中考虑社会公平和公正的原则，通过改善教育、就业、社会保障、医疗卫生等领域，提供平等的机会和基本公共服务。这可以帮助减少贫困和不平等现象，促进社会稳定和可持续发展。

共同富裕的目标是使每个人都能够分享社会经济发展的成果，无论其背景或社会地位如何。这需要政府、企业和个人共同努力，采取措施来减少贫困、促进就业机会、提高教育水平和健康条件，并为弱势群体提供特殊支持。

在实践中，共同富裕不仅关注经济领域还强调社会公正、环境可持续性和人的全面发展。这意味着要平衡经济增长与环境保护，推动包容性发展，关注教育、健康、性别平等等问题，以确保每个人都能够实现其潜力和幸福。

总之，共同富裕的核心理念是通过公平包容和可持续的发展，实现社会中每个人的福祉和繁荣。

一、农村电商促进乡村振兴

农村电商平台提供了一个便捷的线上销售渠道，使农民可以将自己的农产品和农村特色产品推广到更广泛的市场。这有助于增加农产品的销售额和农民的收入。农村电商平台鼓励和支持农村创业者，可以帮助他们发展农村产业和加工业。通过电商平台，农产品的加工、包装和品牌建设等环节都可以得到支持和推广，提高农产品的附加值和竞争力。农村电商的发展为当地

创造了更多的就业机会。在电商平台运营过程中，需要人员从事平台管理、产品推广、物流配送等工作，这些工作为农村地区的年轻人提供了发展和就业的机会。

农村电商平台推动了农村的信息化建设。通过电商平台，农民可以获取市场信息、了解消费者需求、学习电商技能等，提高信息获取和利用能力，促进农村信息化水平的提升。农村电商平台提供了一个多元化的经营平台，农民可以通过销售农产品、农副产品、手艺品等多种产品实现收入。这有助于降低农村经济的单一依赖性，促进农村经济的多元化发展。

总的来说，农村电商通过拓宽销售渠道促进产业发展、提供就业机会、推动信息化建设和促进经济多元化发展等方面的作用，对于乡村振兴起到了积极的推动作用。

二、农村电商推动乡村变革

农村电商在推动乡村变革方面具有重要作用。以下是一些农村电商如何推动乡村变革的方式。

（1）扩大市场渠道：农村电商为农民提供了更广阔的市场渠道，使他们能够将农产品和手工艺品直接销售给城市居民或全球消费者，降低了传统中间环节的成本，提高了农产品的销售价值。

（2）提升农民收入：通过农村电商平台农民能够获得更多的销售机会和利润。这有助于提高他们的收入水平，改善生活条件，并促进乡村经济的发展。

（3）促进农村产业升级：农村电商的兴起为农村产业升级提供了契机。农民可以通过电商平台了解市场需求，调整农业生产结构，引入新的技术和创新，提高产品质量和附加值，推动农村产业的升级和转型。

（4）增加就业机会：农村电商平台的发展创造了大量的就业机会，特别是对于年轻人和农村妇女来说。可以从事电商平台从事销售、物流、客服等工作，提高就业机会，减少农村劳动力的流失。

（5）推动乡村数字化发展：农村电商的兴起促进了乡村的数字化发展。

它推动了农村网络基础设施的建设，提升了农民的数字素养，促进了信息和技术的传播，为农村教育、医疗、金融等领域的发展提供了支持。

总体而言，农村电商通过扩大市场渠道提升农民收入、促进农村产业升级、增加就业机会以及推动乡村数字化发展等方面的作用，为乡村变革带来了积极的影响。

三、跨境电商的未来展望

（一）农村电商模式向多元化发展

随着信息技术的快速发展和互联网普及的不断推进，农村电商正迅速崛起，并向多元化发展迈出了坚实的步伐。传统的农业模式已经无法满足农民的需求，农村电商的兴起为农民提供了一个全新的机遇。

一方面，农村电商为农民提供了更广阔的市场空间。传统农产品大多在农村内部销售，市场较为局限。借助电子商务平台，农产品可以直接面向全国甚至全球市场进行销售，实现了市场的无限拓展。农民可以通过网络将自己的产品推广到更多的消费者，提高销售额和利润。

另一方面，农村电商为农民提供了更加便捷的销售渠道。传统的农产品销售模式通常是通过中间商、批发商等环节进行销售，农民利润较低。农村电商通过直接与消费者进行交易，省去了中间环节，降低了销售成本，使农产品价格更加合理，同时也让农民获得了更多的利润。

农村电商的多元化发展还体现在产品种类的丰富化上。传统农产品销售主要集中在粮食、蔬菜、水果等基本生活必需品上，产品单一。随着农村电商的发展，农民开始拓展产品种类，包括土特产、手工艺品、农副产品等。这不仅满足了消费者多样化的需求，也为农民提供了更多的致富机会。

此外，农村电商还促进了农村经济的发展和农民的增收。农业现代化需要资金的支持，而农村电商的发展为农民提供了一种筹集资金的方式。通过农村电商平台，农民可以借助众筹、商业贷款等方式获得资金，用于农业生

产的现代化改造，提高农产品的质量和产量，实现农业的可持续发展。

　　然而，农村电商模式多元化发展还面临一些挑战。首先是物流配送问题。农村地区交通条件相对较差，物流配送成本较高，影响了产品的及时配送和售后服务。其次是农民对电子商务的认知程度和技能水平有限，需要提供相关培训和指导，帮助他们更好地利用电商平台进行销售。

（二）应用门槛降低推动农村电商进一步普及

　　互联网技术的快速发展和移动设备的普及让电子商务在城市地区已经取得了巨大成功。然而，在农村地区，由于各种限制和困难，电商的发展相对滞后。为了推动农村电商的进一步普及，我们需要降低应用门槛，为农村地区提供更多支持和便利。

　　首先，要解决农村地区的基础设施问题。农村地区的网络覆盖率和网速通常低于城市地区，这给农村电商的发展带来了困难。政府应该加大对农村地区网络设施的投入，提升网络覆盖率和网速，为农村电商提供更好的基础条件。

　　其次，要加强对农村电商从业者的培训和支持。由于缺乏相关知识和经验，农村地区的居民往往对电商缺乏了解，不知道如何运营和管理电商平台。政府可以举办培训班，向农村电商从业者传授电商知识和技能，帮助他们更好地开展电商业务。同时，政府还可以提供贷款和补贴等支持措施，鼓励农村居民创业发展电商业务。

　　要加强物流和支付体系的建设。农村地区的物流配送和支付环节相对滞后，制约了农村电商的发展。政府可以引导和支持物流企业进入农村地区，提供快速、可靠的物流服务。同时，推广移动支付和电子支付方式，为农村居民提供更便捷的支付手段，促进农村电商的发展。

　　要加强农村地区消费者的教育和培训。农村地区的消费者对电商的信任度较低，对于购买流程和维权途径不够了解。政府可以组织宣传活动，向农村居民普及电商知识，提高他们对电商的认知和信任，从而推动农村电商的普及。

　　最后，政府应该出台相关政策，为农村电商提供更多的扶持和激励。例

如，可以给予农村电商企业税收优惠政策，降低他们的运营成本；可以设立专项资金，支持农村电商平台的建设和发展；可以加强对农村电商市场的监管，维护市场秩序和消费者权益。

总之，要推动农村电商的进一步普及，需要降低应用门槛，提供更多支持和便利。只有这样，农村地区的居民才能享受到电商带来的便利和机遇，促进农村经济的发展和增加农民的收入。同时，农村电商的发展也将促进城乡经济的融合和农村社会的进步。

（三）新零售业掀开农村电商新篇章

新零售业正日益成为零售行业的主导力量。为了开启农村电商的新篇章，我们需要将新零售理念与农村电商相结合，为农村地区创造更多机遇和发展空间。

首先，新零售业带来了更便捷的购物方式。传统的农村零售业往往面临着货物品种有限、供应不稳定等问题，无法满足农村居民多样化的消费需求。新零售业通过引入电子商务平台和物流配送系统，可以让农村居民在家门口就能轻松购买到全国各地的商品。这样一来，不仅方便了农村居民的购物，也为农村地区的商品销售提供了更广阔的市场。

其次，新零售业注重数据分析和精准营销。通过大数据技术和人工智能算法，新零售业能够深入了解消费者的购物习惯、偏好和需求，从而为他们提供个性化推荐和定制化服务。对于农村电商而言，这意味着可以根据农民的种植和养殖情况，精确推送相关农业用品、农特产品等，提高销售效益。同时，通过数据分析还可以帮助农村电商了解市场趋势，调整经营策略，提升竞争力。

此外，新零售业注重创新和多元化发展。在城市地区，新零售业已经涌现出无人店铺、智能自助购物等创新模式，给消费者带来了购物体验。这些创新模式也可以借鉴到农村电商中，如在农村设立智能售货机、合作社集采模式、农产品线上预订配送等，为农村居民提供更多便利和选择，推动农村电商的发展。

最后，新零售业注重品牌建设和服务质量。传统农村零售业往往以小打小

闹、碎片化的形式存在，缺乏品牌认知和服务体系。新零售业通过线上线下融合，可以打造统一的品牌形象，提供标准化的产品质量和优质的售后服务。这样一来，农村电商能够树立良好的信誉和口碑，吸引更多消费者信赖和支持。

将新零售理念与农村电商相结合，可以为农村地区带来更多机遇和发展空间。通过便捷的购物方式、精准营销、创新模式以及品牌建设和服务质量的提升，农村电商将迎来新的篇章。同时，政府和企业应加大对农村电商的扶持力度，提供资金、培训和政策支持，共同推动农村电商的繁荣发展，促进农村经济的增长和农民收入的提升。

参考文献

[1]易法敏作，罗必良．农产品电商平台体系建设与线上线下协调发展研究[M].北京：中国经济出版社，2019.

[2]王俞．手把手教你玩转微店功能[M].北京：中国宇航出版社，2016.

[3]中国金融年鉴编辑部．中国金融年鉴[M].北京：中国金融学会，2015.

[4]金波．农村电商模式与案例精解[M].北京：化学工业出版社，2020.

[5]李佳丹，王凯，徐志豪．基于大数据的宁波市乡村旅游现状分析[J].浙江：浙江农业科学，2023，64（2）.

[6]蒙燕玲，李晶，陈晓真.乡村振兴背景下农村电商发展的瓶颈和建议：以"村里货"线上商城为例[J].商展经济，2023（2）.

[7]初文诗.经济欠发达地区农村电商人才培养现状与问题：以山东省单县为例[J].中国商论，2023（1）.

[8]方小林.扩大内需背景下农村电商发展对共同富裕实践的推动效应：基于收入差距和消费差距双重视角[J].商业经济研究，2023（1）.

[9]吴陵玲．"数商兴农"视域下农村电商人才培育机制研究：以珠海市西部地区为例[J].教育评论，2022（12）.

[10]严敏，嵇正龙.数字乡村建设对城乡商贸流通一体化融合发展赋能效应检验：以农村电商发展为中介变量[J].商业经济研究，2022（24）.

[11]卿玉琳.乡村振兴视域下农村电商发展模式探析：基于湘西土家族苗族自治州的实地调研[J].现代农机，2022（6）.

[12]李博源，刘晓薇，陈妍睿，等.基于消费因素与经营需求双视角下农村电商发展实践调研[C].2022年大学生社会实践项目研讨会会议报告集，2022.

[13]高峰，范丽玉，公茂刚.农村电商产业空间分布特征与驱动因素探

究：基于对环渤海地区淘宝村发展案例的分析[J].价格理论与实践，2022（11）.

[14]孔凡娜.数字经济战略下农村电商与县域农业经济高质量发展的关系研究[J].商展经济，2022（21）.

[15]谢荣军，梁婷.乡村振兴战略视阈下农村电子商务本土人才培养体系研究[J].科技创业月刊，2022，35（10）.

[16]周明，彭峰.产业融合视角下农村电商发展的现实意义及对策分析[J].农业经济，2022（10）.

[17]徐晓惠，高欢欢，刘爽.农村电子商务精准扶贫模式与路径研究：以庄河市农村电商平台为例[J].全国流通经济，2021（36）.

[18]鲍思旭，吴梦园，何颖，等.农村电商与第一产业融合影响因素分析：基于徐州农村电商实证分析[J].现代商业，2021（15）.

[19]刘冬.论农业电商时代的农业经济发展对策：评《农村电商新思维：农业创新营销模式设计》[J/OL].中国蔬菜：1-2[2023-06-15].http：//kns.cnki.net/kcms/detail/11.2326.S.20191203.2111.006.html.

[20]孙伟.农村电商对我国农业经济发展的影响分析：以莱芜农村电商研究为基础[J].黑龙江畜牧兽医，2016（10）.

[21]庞爱玲.乡村振兴战略下农村电商产业发展困境与路径[J].农业经济，2019（7）.

[22]钱俊.乡村振兴战略视野下农村电商的发展与人才培养研究[J].农业经济，2018（11）.

[23]裴璐璐，王会战."新零售"背景下农村电商模式优化路径[J].商业经济研究，2021（17）.

[24]杨雪梅.乡村振兴战略下农村电商发展的困境与破解途径[J].山西农经，2022（3）.

[25]余晓红.我国农村电商发展的瓶颈及对策[J].商业经济研究，2020（24）.

[26]张永芹.乡村振兴战略的关键点及其路径研讨[J].乡村科技，2019，（28）.

[27]李清荣.试论乡村振兴的战略关键点及其路径[J].中国市场，2018，

974（19）.

[28]付诗帆.国土空间规划体系下的乡村振兴规划探讨[J].城市住宅，2021，28（S1）.

[29]侯梅.国土空间规划体系下的乡村振兴规划初探[J].华北自然资源，2021（06）.

[30]杨秋惠，顾守柏.新时代改革背景下乡村地区国土空间规划体系构建[J].上海国土资源，2020，41（03）.